ZHEJIANG CHUANTONG CUNLUO
BAOHU YU ZHENXING YANJIU

# 浙江传统村落保护与振兴研究

鲁可荣　李伟红 ◎著

安徽师范大学出版社
ANHUI NORMAL UNIVERSITY PRESS
·芜湖·

**图书在版编目(CIP)数据**

浙江传统村落保护与振兴研究 / 鲁可荣,李伟红著. — 芜湖:安徽师范大学出版社,2022.2

ISBN 978-7-5676-5414-3

Ⅰ. ①浙… Ⅱ. ①鲁…②李… Ⅲ. ①村落—保护—研究—浙江 Ⅳ. ①K925.5

中国版本图书馆CIP数据核字(2022)第018526号

**浙江传统村落保护与振兴研究**　　鲁可荣　李伟红◎著

责任编辑:胡志立
责任校对:房国贵
装帧设计:张　玲
责任印制:桑国磊
出版发行:安徽师范大学出版社
安徽省芜湖市北京东路1号安徽师范大学赭山校区
网　　址:http://www.ahnupress.com/
发 行 部:0553-3883578　5910327　5910310(传真)
印　　刷:江苏凤凰数码印务有限公司
版　　次:2022年2月第1版
印　　次:2022年2月第1次印刷
规　　格:700 mm×1000 mm　1/16
印　　张:11.5
字　　数:178千字
书　　号:ISBN 978-7-5676-5414-3
定　　价:49.90元

# 序

关于传统村落的价值，人们有各种各样的归纳和表述，其中我们耳熟能详的一句话是“传统村落是传统文化的根”。但是，这个“根”究竟存在于何处，很多人并不清楚，自然也难以弄清楚应该保护什么和为什么保护。鲁可荣、李伟红所著的《浙江传统村落保护与振兴研究》一书，可以帮助我们回答这些问题。其实，传统村落的重要价值不仅表现在其所具有的历史、文化、科学、艺术、社会和经济价值，更在于它寄托着乡愁，凝聚着祖祖辈辈人们的生存与生活智慧，为当今乡村振兴战略的实施提供了发展方向。

乡村振兴中的产业兴旺是以村落为基础的，村落正是在适应乡村生产过程中成长起来的。因此，村落为乡村的多样化生产提供了空间条件，村落选址、村落形状、街巷格局、村落肌理、公共空间等都以方便乡村生产为基本原则。村落的形成不仅遵守了近的原则，使劳作成本降低到了最低，而且满足了守护农田的需要。农户院落的形成不仅具有多样的储存功能，还形成了独具特色的“庭院经济”，是乡村手工业得以存在和传承的空间条件。如果我们不懂得传统村落的这些基本要素，就会出现建了新房子而丢失了生计的现象。同样，乡村振兴强调生态宜居，生态理念在传统村落中得到充分体现，不用说天人合一的理念和农民的生态信仰，走进传统村落，我们可以看得见且可以深刻体验到的生态要素比比皆是。村落的选址，如何处理村落与山形水系的布局关系，如何尊重自然，又巧妙地利用自然，总是让人赞叹不止。村落作为能量交换的节点，形成有机循环，实现了“废物”最大限度的有效利用，肥沃村落周边的土地，保证了这片土地数千年地力不减，成为让世界瞩目的可持续发展的典范。村落生活需求的多样化，营造出的多样化种植、养殖和多样化的手工业，是生态理念的生动体现；自给自足的生产意识，低碳的生活方式，勤俭的传统，成为现代消费主义弥足珍贵的纠正力量。

传统村落的文化价值受到越来越多的重视，正如有些学者说的，传统村落像是一座文化宝库。村落承载的非物质文化遗产十分丰富，传统生产生活方式、民间文学、民歌、民族舞蹈、地方戏曲、传统手艺、民俗与习惯等，是“乡风文明”建设的重要内容，也是“治理有效”的基本条件。正是从这个意义上讲，乡村文化振兴是乡村振兴最重要且最迫切的方面。中国人的文化自信要以五千年的优秀传统文化为基础，优秀传统文化就存在于村落之中，存在于村落里老百姓生产与生活方式之中。乡村文化建设只有尊重乡村文化特点，遵循乡村文化发展规律，以群众喜闻乐见的形式才能为广大群众所接受，才能通过寓教于乐达到润物无声的效果。越来越多的人明白了，传统村落中的自治与德治传统为现代乡村治理提供了丰富的文化资源。但是，自治与德治传统离不开村落环境。无论是自治还是德治，都是以熟人社会为前提的，传统乡村的形态与结构是维系熟人社会的基本条件。在村落熟人社会环境下才有熟人间的村落舆论，才会产生群体压力，在熟人环境下才有示范和模仿。2018年中央一号文件提出，广泛开展好媳妇、好儿女、好公婆等评选表彰活动，深入宣传道德模范、身边好人的典型事迹，弘扬真善美，传播正能量。所有这些活动或治理措施，只有在村落环境下进行才具有现实意义。

鲁可荣教授长期从事浙江传统村落保护与发展的实地调查研究，取得了较为丰硕的研究成果。这本书不仅可以让人们更深入地了解传统乡村所蕴含的多种功能和价值，也通过系统总结和比较分析浙江传统村落保护与发展的创新实践，探索构建了传统村落价值传承与保护发展有机融合的基本路径和共融共享共建机制，热切期待着该书的出版能够在新发展阶段乡村振兴过程中发挥更为具体的指导作用。

朱启臻

二〇二一年三月于中国农业大学

# 目　录

# 导 论

## 一、研究缘起

随着中国城市化、工业化的快速发展，广大的农村正处于急剧变迁发展之中，越来越多的村落或解体或撤并，城里人愈发希望“望得见山、看得见水、记得住乡愁”及确保“舌尖上的安全”，农民们更期待“农业成为有奔头的产业、农民成为体面的职业、农村成为安居乐业的美丽家园”。为了适应新常态发展趋势，我们迫切需要传承中华优秀传统文化，加强文化软实力建设。中华传统文化之根在于乡村文化，“记得住乡愁”首先要“留得住乡村、系得住乡愁”。尤其是传统村落历史年代久远，拥有丰富的物质和非物质形态文化遗产资源，并具有历史、文化、科学、艺术、社会及经济等多元价值。然而，在快速城镇化、工业化进程中，传统古村落衰落、消失的现象日益加剧，加强传统古村落保护发展刻不容缓。

2013年住房城乡建设部、文化部、财政部联合出台《关于加强传统村落保护发展工作的指导意见》指出，要加大中国传统古村落保护发展工作力度。截至2016年，已经公布的前四批4157个传统村落保护名录中，浙江省有501个传统村落进入该名录，占12.1%。2014年，浙江省委提出要扎实推进“千村示范、万村整治”工程，提升美丽乡村建设水平；2015年，时任省长李强在全省农村工作会议上提出，要深入实施1000个古村落保护工程，切实传承好历史文化。重点要保护好传统村落的格局、风貌、田园景观等空间形态，保护好祠堂、牌坊等古老建筑，弘扬传承民间工艺和农耕文化。2016年，《浙江省人民政府办公厅关于加强传统村落保护发展的指导意见》中指出，要注重合理发挥传统村落的经济价值、社会价值和文化价值，努力实现以保护促发展，以发展强保护。2017年，十九大报告指出，要实施乡村振兴战略，要坚持农业农村优先发展，按照产业兴旺、生态宜居、乡风文明、治理有效、生活富裕的总要求，建立健全城乡融合发展的体制机制和政策体系，加快推进农业农村现代化。2018年，中央一号文件中进一步指出，实施乡村振兴战略是新时代解决人民日益增长的美好生活需要和不平衡不充分的发展之间的矛盾的必然要求……要准确把握乡村振兴的科学内涵，挖掘乡村多种功能和价值，坚持乡村全面振兴。因此，在新型城镇化建设以及实施乡村振兴战略的新时代背景下，当务之急要全面系统地解析传统村落的综合多元性价值及其传承载体，并通过梳理总结传统村落价值传承保护实践中的经验教训，重塑乡村价值体系，探索实现新时代传统村落的价值传承与乡村振兴之路。

## 二、加强传统村落保护发展的重要意义

### （一）弘扬中华优秀传统文化的重要窗口

中国是一个传统农业大国，数千年丰富多彩的农耕文明孕育了中华民族博大精深的优秀传统文化。我们一定要坚定文化自信，推动中华优秀传统文化创造性转化、创新性发展，继承革命文化，发展社会主义先进文化，不断提高国家文化软实力，增强中华文化影响力，不断铸就中华文化新辉煌，建设社会主义文化强国。中华传统文化之根在于悠久厚重的乡村文化，梁漱溟认为，中国文化是以乡村为本，以乡村为重，所以中国文化

的根就是乡村。在世代先民长期的农耕生产生活中，形成了各具特色的村落共同体，创造、积淀和传承了绵延不绝的乡村文化，绘就了多姿多彩的乡村田园生活的历史画卷。村落是农村居民开展农耕生产和生活的基本单元，千千万万个村落是衍生和传承乡村文化的重要载体，是中华优秀传统文化的根基和传承创新的重要载体。尤其是那些历史年代久远，拥有丰富的物质和非物质形态文化遗产资源的传统村落成为承载与弘扬中华优秀传统文化的基石。十九大报告明确提出要加强优秀传统文化传承保护，促进乡村文化振兴。十九届五中全会提出，要坚定文化自信，繁荣发展文化事业和文化产业，提高国家文化软实力。加强传统村落保护利用是彰显文化自信和弘扬中华优秀文化的重要窗口，因此为了适应新时代社会发展新趋势，以及有效解决人民日益增长的美好生活需要和不平衡不充分的发展之间的矛盾的需要，必须要树立高度的文化自觉和文化自信，传承中华优秀传统文化，加强文化软实力建设。

### （二）乡村振兴和文化浙江建设的重要载体

中共中央、国务院印发的《乡村振兴战略规划（2018—2022年）》（以下简称《乡村振兴战略规划》）指出，乡村是具有自然、社会、经济特征的地域综合体，兼具生产、生活、生态、文化等多重功能，与城镇互促互进、共生共存，共同构成人类活动的主要空间。……要坚持乡村全面振兴，准确把握乡村振兴的科学内涵，挖掘乡村多种功能和价值。随着国家和社会各界对传承保护中华优秀传统文化的文化自觉不断加强，对传统村落的保护发展日益重视。2019年6月，已经有6819个村落被列入中国传统村落保护名录。传统村落所具有的“惠及苍生”的农业生产价值、“天人合一”的生态价值、村落共同体的生活价值以及文化传承价值等综合多元性价值愈发凸显。

习近平总书记在浙江工作时高度重视对传统文化的坚守传承和文化遗

产的保护利用，注重浙江文脉的延续，多次强调要保护和传承文化遗产。浙江省高度重视并对标习近平总书记关于文化建设的重要论述，全面贯彻落实党的十九大和十九届四中全会关于文化建设的部署要求，聚焦“文化强省、提升浙江软实力，文化树人、引领社会新风尚”这一总体目标，全面开启文化浙江建设新征程，使文化浙江成为忠实践行“八八战略”、奋力打造“重要窗口”的鲜明标识。新时代文化浙江建设要坚持古为今用，推陈出新，持续推进传统文化的传承、保护、利用和发展，大力保护有传统历史、时代印记、文化标志、人文故事的乡土建筑、历史遗迹。

因此，在新时代推进乡村振兴战略和文化浙江建设背景下，要进一步发掘、整合、传承与拓展传统村落的多元性价值，要依托乡村社会原有的文化背景和社会基础，充分挖掘以农耕文明为代表的传统乡村文化的历史价值和当代价值，重构乡村文化，推动传统文化扬弃继承、转化创新、丰富再造，深入挖掘浙江历史典故、历史事迹背后的当代价值，创造性地把新科技新方式运用到传统文化保护开发的方方面面，重塑乡村共同体，促进乡村文化振兴，为整体推进乡村振兴战略提供内在精神动力。探索构建传统村落价值活态传承与保护振兴的共融共享共建机制，有效促进乡村全面振兴。

## 三、相关文献研究述评

### (一)关于村落价值及其发展前景的研究

随着城市化、工业化的快速发展，大量传统村落的消失引起了学界对村落共同体命运、乡村价值及其发展前景等方面的密切关注。例如，李培林（2004）、刘铁芳（2006）等认为，在城市化、工业化快速发展中村落作为社区生活共同体正在走向“终结”或解体。朱启臻等（2011）认为，村落的存在有其自身的发展规律，只要农业生产特点不发生变化，村落就不会消失。文军（2004）、毛丹（2010）等认为，村落的存在有其自身的发展规律及其独特价值，村落不可能完全被“终结”，而且乡村价值的多元性会愈发彰显。

学界对乡村价值及其发展前景也十分关注。例如，李培林（2004）、刘铁芳（2006）等认为在城市化、工业化快速发展中村落正在走向“终结”或解体，而发达国家的逆城市化也充分证明乡村继续存在的价值及其未来发展方向。例如，孟德拉斯（1991）指出，法国从20世纪70年代开始，农村人口数量止降反升……生活在农村或小城市是3/4法国人的期望。有学者从不同学科视角指出乡村具有经济、生态、社会及文化等多元化功能（祖田修，2003；曲福田，2011；朱启臻，2011）。因此，在新型城镇化进程中当务之急要传承乡村价值，促进农村可持续发展。与一般村落相比，传统村落不但具有经济、生态、社会及文化等功能，还承载着历史文化传承功能，并且对于推进农业现代化进程和生态文明建设等具有重要价值。陈志华（1999）以楠溪江中游的芙蓉村、苍坡村等古村落为例，将乡土建筑作为乡土文化和乡土生活的人为环境条件和舞台，系统研究了楠溪江中游古村落在建筑、宗族、文化、生活等方面的独特价值。冯骥才（2014）认为传统村落是不同于物质文化和非物质文化的另一类文化遗产，是一种生产生活中的遗产。

有学者从不同学科视角指出乡村具有经济功能、生态功能、社会功能及文化功能等（祖田修，2003；周慧梅，2005；翁乃群，2009；梁流涛、曲福田，2011；朱启臻，2011）。Essex et al.（2005）认为：“只要存在着粮食和农产品生产需要，存在着地理、文化、治理体系方面的支持，农业和农民、村庄似乎就会继续存在。”因此，在推进新型城镇化进程中更应加大对乡村价值的传承，促进乡村振兴战略的实施。

## (二)关于传统村落价值变迁及其传承保护的研究

为了适应中国现代化发展步伐，我们必须要树立高度的文化自觉和文化自信，建立优秀传统文化传承体系，大力弘扬中华优秀传统文化。传统村落是承载与弘扬中华优秀传统文化的基石，因此关于传统村落价值变迁与传承保护的问题逐渐成为政府及社会各界关注的焦点。

自20世纪80年代后期，学界开始从民居建筑、村落环境、文化空间、旅游开发等多个角度对古村落开展研究（谢凝高，1987；刘沛林，1997；陈志华，1999；等）。关于传统村落内涵及其特性的研究，在现有的文献中未能将“传统村落”与“古村落”“历史文化名村”等加以明确区分。例如，刘沛林（1997）、朱晓明（2002）认为，古村落是指村落地域、建筑环境与布局、历史文脉以及传统氛围等均保存较好，延续了独特的民俗民风和传统生产生活方式的村落。冯骥才（2013）认为，传统村落是指那些村落的历史面貌比较完好、具有比较丰富的文化遗存、独特的生产和生活方式以及依然有村民居住生活的活态的村落。2012年12月，住房城乡建设部、文化部和财政部发布《关于加强传统村落保护发展工作的指导意见》指出，传统村落是指拥有物质形态和非物质形态文化遗产，具有较高的历史、文化、科学、艺术、社会、经济价值的村落。传统村落承载着中华传统文化的精华，是农耕文明不可再生的文化遗产。何连弟（2015）认为，中国传统村落是指民国时代以前建村，建筑环境、建筑风貌、村落选址未有大的变动，具有独特民俗民风，虽经历久远年代，但至今仍为人们服务的村落。

关于传统村落分布特点、发展现状及其影响因素研究方面。熊梅（2014）、严赛（2014）等认为中国传统村落在省际分布和区域分布上具有明显的不均衡性，空间分布类型上北方地区以凝聚型为主、南方地区以均匀型为主，其主要影响因素包括自然地理环境、人口分布格局、区域经济发展水平以及历史文化积淀程度等。胡彬彬（2012）认为，大量传统村落正在消失，其主要原因在于：国家现行农村土地政策制约下的原住民自主自建性破坏，政策误读误解与急功近利的政绩建树意愿下的建设性破坏，商业模式下的过度旅游开发性破坏，法律法规缺位，保护标准缺失，保护经费缺乏下的保护性破坏。仇保兴（2013）认为，众多的传统村落由于大量劳动力外出务工而成为“空心村”，古建筑由于缺少维修资金而破败坍塌，过度的旅游开发破坏了传统村落的自然环境和人文底蕴。

关于传统村落价值传承与保护发展研究方面。陈志华（1999）以楠溪江中游的芙蓉村、苍坡村等古村落为例，将乡土建筑作为乡土文化和乡土生活的人为环境条件和舞台，系统研究了楠溪江中游古村落在建筑、宗族、文化、生活等方面的独特价值。与一般村落相比，传统村落不但具有经济、生态、社会及文化等功能，还承载着历史文化传承功能，对于推进农业现代化进程和生态文明建设等具有重要价值。冯骥才（2014）认为，传统村落是不同于物质文化和非物质文化的另一类文化遗产，是一种生活生产中的遗产。

近年来，学术界关于传统村落价值传承保护的研究在不断深入。单霁翔（2008）提出古村落保护要遵循从单一的文物保护走向乡土建筑遗产保护的思路。朱晓明（2002）认为，要对古村落的选址、建筑特色、文化传统和制度影响等进行价值评判，提出要建立国家历史文化名村保护制度。潘鲁生（2013）认为，古村落保护必须结合自身的资源特点，融入当代生活，实现动态、生态意义上保护和发展，文化的活态传承及整体性的可持续发展。冯骥才（2014）认为，在当前经济现代化和乡村城镇化的高速进程中，传统村落的保护必须与村民的生活改善、村落的可持续发展有机结合，要尽快建立传统村落保护法规及其监督与执法机制，需要政府、社会与村民等多元主体的文化自觉。

综上所述，随着中国现代化发展进程日益加快以及对中华优秀传统文化的文化自觉的不断加强，政府及社会各界高度重视对传统村落价值传承保护的理论与实践探索。既有的研究成果或从不同的学科视角分析乡村所具有的经济、生态、社会和文化等普遍性价值以及传统村落独特的古建筑、悠久的人文历史等物质文化与非物质文化价值，或从宏观角度阐述了传统村落保护发展工作的重要意义、存在问题及政策建议，却未能全面系统地分析传统村落的综合多元性价值及其构成要素与载体，未能分析传统村落价值传承保护与村落可持续发展的辩证关系，关于传统村落保护发展的路径与机制尚在探索之中。传统村落作为一个具有悠久的人文历史、浓郁的乡风民俗、生态循环的农耕生产以及独特的民居建筑的村民生产生活共同体，其乡村价值传承保护与村落可持续发展是一个活态有机体系。因此，关于传统村落的保护发展，不仅要全面系统地解析传统村落的综合多元性价值及其传承载体，还要实地调查传统村落价值变迁及其影响因素，并通过总结梳理传统村落价值传承保护实践经验教训，探索构建传统村落的价值传承与村落可持续发展的路径机制。

## 四、研究对象、研究内容及研究方法

### （一）研究对象及研究内容

目前，学术界对于“古村落”“历史文化名村”和“传统村落”的概念界定和使用没有作明确的区分。一般而言，传统村落应该有广义和狭义之分。广义的传统村落是指建村历史较长（百年以上），具有较为完整的村落历史面貌、村域选址布局及民居建筑，具有浓郁地方特色的农耕生产生活方式，村民仍然生产生活于其中的活态的村落共同体。狭义的传统村落即为古村落，是指那些具有悠久的村落历史、丰富独特的古建筑和非物质文化遗产的传统村落，更强调其作为文物保护单位。

本书将广义上的传统村落作为研究对象，立足于对传统村落的综合多元性价值解析以及传承保护中面临的问题，探索分析乡村价值传承体系，构建传统村落价值传承保护与村落可持续发展的路径机制。主要包括以下四个方面内容：

第一，传统村落的综合多元性价值及其价值载体解析。从经济地理学、农村经济学、农村社会学等多学科视角，分析传统村落所具有的“道法自然”的农业生产价值、“天人合一”的生态价值、社区共同体的生活价值以及文化传承与教化价值等综合多元性价值。同时，深入分析乡村价值载体（如建筑、空间结构、习俗、文化等）及其要素系统，解释乡村价值与各自载体要素的相互关系。

第二，传统村落的价值变迁及影响因素分析。通过实地调查，比较分析不同类型传统村落的价值变迁及影响因素。例如，城市化、工业化的扩展导致发达地区传统村落共同体的“终结”；大量农村劳动力进城务工导致欠发达地区传统村落成为荒芜留守的“空心村”以及“记忆中的老家”；撤并村庄与撤点并校导致传统村落的“原子化”及乡土文脉的断根；农业生产的工业化导致传统村落农耕文明消失及乡村生态环境破坏；新农村建设中片面追求“新村”建设和旅游开发，导致传统村落村庄布局和古民居的破坏以及乡村民俗文化的过度商品化等。

第三，传统村落价值保护实践的典型案例分析。通过对不同类型传统村落的实地调查，总结梳理传统村落价值保护实践中的成功经验及存在问题，探索分析乡村价值传承的基本路径。例如，传统村落的文化价值传承保护与乡村旅游开发及村落可持续发展，传统村落原生态的农耕方式延续与现代农业发展以及生态文明建设的有机融合，传统村落族训家风的传承、乡村教育的重振与乡村文化的传承保护，“新乡贤”的示范驱动激发村民传承重塑乡村价值的文化自觉，等等。

第四，构建传统村落价值传承保护与村落可持续发展的路径机制。基于上述研究基础，运用国家与社会理论、文化自觉理论、内源式发展理论等探索研究传统村落的价值传承体系，激发传统村落的内源式发展动力，促进其与外部性干预有机整合，努力构建传统村落的价值传承保护与村落可持续发展的路径机制。

### （二）研究思路及研究方法

#### 1. 研究思路

本书从多学科视角分析传统村落的综合多元性价值及其载体、要素与相互关系，实地调查不同类型传统村落乡村价值变迁及影响因素，总结分析传统村落价值保护实践的经验教训，最后探索分析传统村落的价值传承保护与村落可持续发展的路径机制，研究技术路线见图1-1。

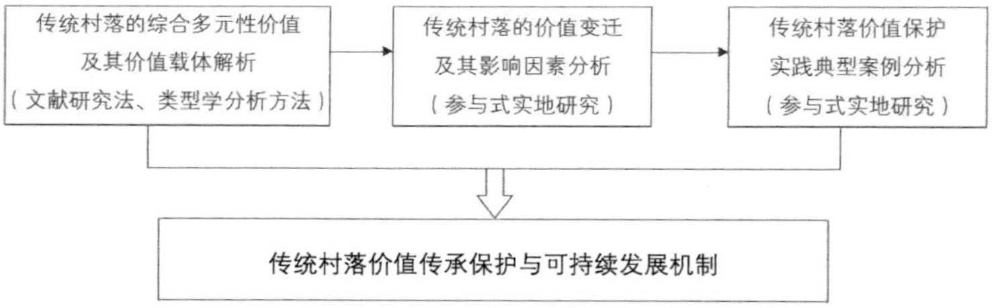


图1-1　研究技术路线

#### 2. 研究方法

文献研究法。通过文献研究从多学科视角分析传统村落的综合多元性价值。同时，运用文献研究法，在实地调查中搜集整理传统村落的村史、族谱等文献资料，以深入分析传统村落乡村价值变迁及影响因素。

类型学分析方法。根据住房城乡建设部、文化部和财政部出台的《关于加强传统村落保护发展工作的指导意见》《传统村落评价认定指标体系（试行）》以及已经公布的“中国传统村落名录”，运用类型学分析方法，按照浙江省传统村落的区域空间分布，可以将传统村落划分为三种类型：受特定的自然地理环境影响而形成的传统村落，具有悠久历史文化底蕴而形成的传统村落，拥有独特的民族文化而形成的传统村落。通过合理划分传统村落类型，分别在浙江中部和西南部区域范围内各选取2—3个传统村落深入开展实地研究。

参与式实地研究。传统村落的价值变迁及其传承是历时态与共时态交错发展的过程，蕴含在农民日常的生产生活之中。因此，本书运用参与式实地研究方法，深入到作为研究对象的传统村落，系统分析传统村落的综合多元性价值及其变迁与影响因素，分析乡村价值传承与保护发展中存在的问题及成功经验。

# 第一章　传统村落的综合多元性价值及其传承载体

在人类社会的早期，人们为了在恶劣的自然环境中求得生存，几个人或一群人开始群居生活，结成以血缘关系为基础的原始氏族部落的“聚族而居”，形成了村落的雏形。罗吉斯和伯德格认为，“最初的社区可能是为防御外界天敌的侵犯而形成的。归属的互补意义也促使社区的形成。”随着社会生产力的不断发展，人们的生活环境不断稳定，开始在不同地方根据各地的自然环境和生产生活的实际需要，或“逐水草而居”，或“择地而居”，或“靠山吃山”，或“靠水吃水”，从而形成了不同类型的村落形态。一般而言，所谓村落，就是以地缘和血缘为纽带，以农业生产为基础，由从事农业生产劳动的人口为主组成的相对独立的社会生活共同体。长期以来，随着农业生产发展和村落形态与类型日益多元化，作为人类农业生产生活的村落越来越呈现出集生产、生活、生态、社会及文化等综合多元化价值为一体的状态。相对于一般村落而言，传统村落作为乡村价值传承的活态天然博物馆，其综合多元性价值蕴含于乡村独特的生产生活方式之中，并以其为载体更为清晰完整地传承延续。

## 一、以传统农耕生产为载体形成“惠及苍生”的农业生产价值

传统村落的世代村民为了繁衍生息，长期以来立足于村域范围内的土地、植被、水源等自然资源，开展农作物种植、家畜禽饲养、打猎以及手

工制作等劳动。通过辛勤劳作生产出足够的农产品，不仅可以满足家庭成员的生活需求，还可以通过各种交换形式和渠道，为生活于乡村以外的人们提供包括粮食、蔬菜等农副产品以及生产其他产品的原料。日本学者祖田修认为，农业是一个有机的生态、社会系统，农业具有综合多功能性，农业是“通过保护和活用地域资源，管理和培育有利于人类的生物来实现经济价值、生态价值和生活价值的均衡与和谐的人类的目的性社会活动”。因此，农业是人类的经济生产过程与自然再生产过程的有机结合，是人类有意识地通过生产劳动改变动植物生长过程和条件，借以获得人类生存发展所需要的农产品的生产过程。农业生产既需要符合自然界和生物学的客观规律，又要符合人类社会的经济发展规律。

从农业的基本属性可以看出，农业生产具有独特的自然特性和社会属性。首先，土地是农业生产的不可缺少的最基本生产资料，“土地是财富之母”“民以食为天，食以耕为功”。其次，农业生产具有独特的自然特性，受到各地区不同的气候、地形、土壤、植被等自然资源条件的影响和制约，从而形成了农业生产的地域多样性和品种多样性。同时，农业生产还具有季节性、周期性以及弱质性和风险性等特点。在农业生产中，需要农业劳动者必须具有丰富的生产经验以及劳动合作等，从事农业生产的劳动者必须要从家庭成员中的长辈那儿习得和体验各种农业生产技术与经验，在面临各种自然灾害、农田水利建设和农忙季节要以家庭、村落共同体等为组织形式开展分工与合作。因此，以农耕生产为载体，一方面，传统村落“靠山吃山、靠水吃水”的生产方式既可以为农业生产提供充足的劳动力以及满足家庭生存繁衍的物质需要，又可以为农业生产提供肥沃的土壤、水源、种子等生产资料；另一方面，依托家庭和村落共同体可以有效地习得和传承农业生产技术经验，开展农业生产的分工与合作，可以适应农业生产的季节性和周期性等特点，有效地预防和抵御自然灾害，保障农业生产实现“五谷丰登”，从而形成“遵天时，顺地利，寻人和”的

“道法自然”和“民以食为天”的惠及苍生的农业生产价值。

## 二、以传统聚落空间为载体形成“天人合一”的生态宜居价值

在长期的农耕生产生活中，逐步形成了不同类型的村落形态，这些村落形态在地理学科、建筑学科中通常指的是村落的聚落空间形态。按照村落的地理形态和自然形态差异，一般可以将我国村落形态划分为集村和散村两大类，主要是受地理因素的影响，村民沿河流、湖泊、山谷、道路、平原、盆地等建造住房、修建农田和水利等生产生活设施，从而形成条带状、环状、团状等集村或者是不规则状分布的散村。范少言、陈宗兴（1995）认为，乡村聚落空间结构是指农业地域中居民点的组织构成和变化移动中的特点，以及村庄分布、农业土地利用和网络组织构成的空间形态及其构成要素间的数量关系。

不同村落形态的形成主要受制于不同的自然条件与社会环境的影响，同时也塑造了不同村落村民们不同的生产生活方式。传统村落的世代村民为了更好地安居乐业，主动地依托村落所处的地理环境，以村落为空间载体，依据河流、山川、土地等自然资源，充分考虑地质、地貌、水文、日照、风向、气候、景观等因素，合理地进行村落的选址与布局，负阴抱阳、背山面水、藏风聚气等是村落选址布局的理想模式，从而形成了与周边自然生态环境互生共融、有机协调的独具地域特色的聚落空间，如浙江兰溪的诸葛八卦村、武义的太极星象俞源村等。同时，村民们结合村域特色自然资源，靠山吃山、靠水吃水，使用畜禽粪便、植物秸秆、草木灰等作为农家肥，合理地安排多品种农作物的交叉性、季节性和周期性种植，实现耕地的轮作和休耕。传承和运用传统自然农法的经验和地方性生产技术，发展地域特色性的原生态农业，并形成了独具地域特色的乡村景观，如云南哈尼族的梯田、珠三角的桑基鱼塘、江西婺源的油菜花等。按照村

落人口增长与村域自然资源的可承载性与可循环再生利用的原则，形成了崇尚自然、勤俭节约、循环有序的乡村生活方式，有机地将自然再生产与村落的人口再生产结合起来。因此，以传统村落的聚落空间为载体形成了山、水、林、地、人的有机融合与和谐统一，使传统村落具备了“天人合一”生态价值，有效地实现了村落的可持续发展。

## 三、以聚族而居为载体形成村落共同体的和谐生活价值

在长期的乡村社会形成与发展中，乡村居民从最初的聚群而居逐渐发展到以婚姻血缘与亲缘关系为纽带形成的以家庭为核心的聚族而居，从而形成了村落共同体。德国社会学家滕尼斯在对“共同体”作出界定的基础上，把共同体与社会作了比较，“一切对农村地区生活的颂扬总是指出，那里人们之间的共同体要强大得多，更为生机勃勃：共同体是持久的和真正的共同生活，社会只不过是一种暂时的和表面的共同生活。因此，共同体本身应该被理解为一种生机勃勃的有机体，而社会应该被理解为一种机械的聚合和人工制品”[①]。因此，由于以血缘、亲缘和地缘为纽带聚族而居的人们共同生活在村落共同体中，才逐渐地形成了以婚姻和血缘关系为核心的家庭以及同宗的家族，构筑起相生共融的村落生活空间，使生活在其中的人们可以享受家庭的天伦之乐、食物的安全与美味、邻里的守望相助、熟人社会的互帮互助与经验传承，以及乡村慢生活的悠然自乐等村落共同体的生活价值。例如，福建省漳州市南靖县黄氏宗族聚族而居形成的土楼村落——田螺坑村，湖南省江永县周氏宗族聚居的上甘棠村。

随着城市化、工业化的快速发展，一方面大量的传统村落逐步解体或消失，另一方面久居于钢筋水泥、拥堵交通、尘霾空气以及快节奏工作中

① ［德］费迪南·滕尼斯. 共同体与社会——纯粹社会学的基本概念［M］. 林荣远，译. 北京：商务印书馆，1999：54.

的城市居民、愈发希望可以在短暂的节假日里可以“望得见山、看得见水、记得住乡愁”。然而，要记得住乡愁首先必须要留下乡村，才能系得住乡愁。而能够系得住乡愁的恰恰是以传统村落聚族而居作为交往载体而形成的村落共同体的生活价值，其犹如陈年老酒般散发出浓浓的乡情乡味，吸引了无数的城里人驻足其中、休闲度假，流连忘返。因此，近年来，乡村旅游发展方兴未艾，由起初单纯的“吃农家饭”逐步发展到如今的“吃农家饭、睡农家炕、干农家活、享农家情”。

## 四、以家风族训和村规民约为载体形成乡村文化传承与道德教化价值

中华五千年悠久灿烂的传统文化根植于源远流长的传统村落文化，而几千年来的农业发展过程中形成的农耕文化孕育了丰富多彩的乡村文化，构成了中国传统文化的基础。钱穆认为，按照自然环境的种类，可以将人类文化分为游牧文化、农耕文化和商业文化三类，并认为农业文明就是农耕文化，中国文化是自始到今建筑在农业上面的。

朱启臻认为，以村落为载体在农业生产中形成了各具特色的农业物质文化，如不同时期的农业生产工具（犁、耙等）、农田水利建设（广西的龙脊梯田、李冰父子的都江堰水利工程等），这些丰富多彩的农业物质文化凝聚和体现了劳动人民的勤劳智慧，成为传承乡村文化的“活化石”，为研究不同时代的农业生产方式和农耕文化提供了重要的研究依据。同时，以村落为载体，也有利于民俗文化和民间信仰的传承发展。例如，在农耕生产中形成的天干地支历法纪年，一年中的二十四节气，传统节日（春节、清明、端午、中秋等），以及与地方农耕生产紧密结合在一起的各种民间信仰（如沿海渔村的妈祖文化信仰、杭嘉湖平原水乡的蚕花娘娘文化信仰等），都是以村落为传承载体，在长期的农耕生产生活中所形成的约定俗成的民间习俗和民间信仰，并通过各种民间文化活动以及代际口口

相传得以有效传承。在以血缘、亲缘关系为纽带，以家庭为核心的宗族性传统村落中，形成积淀延续了尊老爱幼、长幼有序、勤俭节约、耕读传家的优良家风族训，守望相助、和睦邻里、淳朴敦厚的乡风民俗以及村规民约等。例如，江西婺源县理坑村村民民风好学，崇尚“读朱子之节，服朱子之教，秉朱子之礼”，被世人赞为“理学渊源”；浙江省永嘉县苍坡村李氏宗族历来秉承“一等人功臣孝子，两件事读书耕田”的家风族训，世代人才辈出，村民和睦相处。

近年来，随着城市化、工业化的快速推进，大量村落或消失或衰败，越来越多的传统民俗文化和民间信仰正在逐渐消失，乡村文化呈现荒漠化之态。以传统村落为载体，可以充分发挥优良家风族训、乡风民俗以及村规民约对村民的道德教化与约束功能，也可以在更大范围内净化人们的心灵、感化人们的行为，以及通过乡村文化传承唤起和激发更多人内心记忆深处的“乡愁”，重建家庭的天伦之乐、邻里的守望相助、社区的和谐包容以及共同体归属感，重新追求和塑造真、善、美的“精神家园”。

# 第二章　浙江省传统村落保护发展现状及存在的主要问题

## 一、浙江省传统村落保护发展现状

### （一）浙江省传统村落总体概况

浙江是中国传统农耕文明的发源地之一，历史悠久，文化底蕴深厚，既有完整保留着中国南方早期新石器时代（距今约7000—5000年）稻作文明的河姆渡文化遗址，又有代表长江下游地区的远古文明（距今约5300—4300年）的良渚文化遗址。世代浙江劳动人民在长期的农耕生产生活中，形成了大量形态各异、功能多样的传统村落。虽然历经沧桑巨变，这些传统村落依然犹如一颗颗璀璨的明珠散落在浙江广袤的山水之间，凝聚着丰富多彩且绵长厚重的多元性乡村价值。

在由住房城乡建设部和国家文物局共同组织评选的已经公布的前七批共487个“中国历史文化名镇名村”中，浙江省入选44个，占总数的9%。截至2019年，全国范围内先后五批共有6819个村被纳入“中国传统村落名录”中，浙江入选636个，占9.33%，位居全国第一（表1-1）。其中，丽水市有258个村入选，位居浙江省首位，第二、三位的分别是金华市（101个）和台州市（75个），见表1-2。

**表 1–1　中国传统村落名录（第一至五批）中的省份数量分布**

| 批次<br>数量<br>省份 | 第一批<br>（2012年）<br>646 | 第二批<br>（2013年）<br>915 | 第三批<br>（2014年）<br>994 | 第四批<br>（2017年）<br>1598 | 第五批<br>（2019年）<br>2666 | 合计<br><br>6819 |
|---|---|---|---|---|---|---|
| 北京 | 9 | 4 | 3 | 5 | 1 | 22 |
| 天津 | 1 | 0 | 0 | 2 | 1 | 4 |
| 河北 | 32 | 7 | 18 | 88 | 61 | 206 |
| 山西 | 48 | 22 | 59 | 150 | 271 | 550 |
| 内蒙古 | 3 | 5 | 16 | 20 | 2 | 46 |
| 上海 | 5 | 0 | 0 | 0 | 0 | 5 |
| 江苏 | 3 | 13 | 10 | 2 | 5 | 33 |
| 浙江 | 43 | 47 | 86 | 225 | 235 | 636 |
| 福建 | 48 | 25 | 52 | 104 | 265 | 494 |
| 安徽 | 25 | 40 | 46 | 52 | 237 | 400 |
| 江西 | 33 | 56 | 36 | 50 | 168 | 343 |
| 山东 | 10 | 6 | 21 | 38 | 50 | 125 |
| 河南 | 16 | 46 | 37 | 25 | 81 | 205 |
| 湖北 | 28 | 15 | 46 | 29 | 88 | 206 |
| 湖南 | 30 | 42 | 19 | 166 | 401 | 658 |
| 广东 | 40 | 51 | 35 | 34 | 103 | 263 |
| 广西 | 39 | 30 | 20 | 72 | 119 | 280 |
| 海南 | 7 | 0 | 12 | 28 | 17 | 64 |
| 重庆 | 14 | 2 | 47 | 11 | 36 | 110 |
| 四川 | 20 | 42 | 22 | 141 | 108 | 333 |
| 贵州 | 90 | 202 | 134 | 119 | 179 | 724 |
| 云南 | 62 | 232 | 208 | 113 | 93 | 708 |
| 西藏 | 5 | 1 | 5 | 8 | 16 | 35 |
| 陕西 | 5 | 8 | 17 | 41 | 42 | 113 |
| 甘肃 | 7 | 6 | 2 | 21 | 18 | 54 |
| 青海 | 13 | 7 | 21 | 38 | 44 | 123 |
| 宁夏 | 4 | 0 | 0 | 1 | 1 | 6 |
| 辽宁 | 0 | 0 | 8 | 9 | 13 | 30 |
| 吉林 | 0 | 2 | 4 | 3 | 2 | 11 |

续 表

| 批次 数量 省份 | 第一批（2012年）646 | 第二批（2013年）915 | 第三批（2014年）994 | 第四批（2017年）1598 | 第五批（2019年）2666 | 合计 6819 |
|---|---|---|---|---|---|---|
| 黑龙江 | 2 | 1 | 2 | 1 | 8 | 14 |
| 新疆 | 4 | 3 | 8 | 2 | 1 | 18 |
| 合计 | 646 | 915 | 994 | 1598 | 2666 | 6819 |

**表1-2　浙江省入选中国传统村落名录中的批次数量及地区分布**

| 批次 数量 地区 | 第一批 43 | 第二批 47 | 第三批 86 | 第四批 225 | 第五批 235 | 合计 636 |
|---|---|---|---|---|---|---|
| 杭州 | 3 | 5 | 7 | 21 | 16 | 52 |
| 宁波 | 6 | 4 | 8 | 4 | 6 | 28 |
| 温州 | 5 | 3 | 1 | 11 | 9 | 29 |
| 绍兴 | 3 | 1 | 0 | 9 | 12 | 25 |
| 湖州 | 1 | 2 | 2 | 2 | 1 | 8 |
| 嘉兴 | 0 | 0 | 0 | 0 | 3 | 3 |
| 金华 | 11 | 6 | 4 | 29 | 51 | 101 |
| 丽水 | 9 | 13 | 56 | 81 | 99 | 258 |
| 台州 | 2 | 9 | 5 | 49 | 10 | 75 |
| 衢州 | 2 | 4 | 3 | 18 | 27 | 54 |
| 舟山 | 1 | 0 | 0 | 1 | 1 | 3 |

浙江省是全国传统村落保有量较多的省份之一，这些村落分布广、体量大，种类多、价值高，亟待保护。近年来，浙江省在深化“千村示范、万村整治”，建设美丽乡村过程中，全面系统地开展了传统村落保护利用工作，取得了较好成效。2010年5月，浙江省开展了全省范围内特色文化村落调查，重点是对特色文化村落的自然生态环境、古建筑数量、占地面积、建筑年代、现有用途、建筑特色、文化价值以及自然生态村落的古树木种类和数量等进行摸底。据统计，全省共有特色文化村落609个，其中古村落324个，特色建筑村落22个，特定年代村落51个，其他生态村落

212个。这些特色文化村落呈现出以下特点：建村历史普遍久远（唐、宋、元、明、清各朝代都有），总体分布呈量多面广且南多北少的状况（宁波、舟山沿海及杭嘉湖平原地区较少，山区及半山区的绍兴、金华、温州、丽水、衢州等地较多），村落规划严谨和谐及风水观念浓厚、古建筑风格迥异及筑造工艺精湛、宗族印记鲜明及文化积淀深厚等。2017年9月，浙江省建设厅命名了634个村庄为省级第一批传统村落，使得更多的传统村落被纳入政府相关部门所开展的规范性保护与可持续性发展的工作之中。

截至2020年，浙江省共实施八批传统村落保护利用项目，涉及2047个村（重点村347个、一般村1700个），其中丽水市项目村总数量为484个（重点村70个，一般村414个），居全省首位，其次分别为衢州（333个）、台州（245个）和金华（229个），见表1-3。

表1-3　浙江省前八批传统村落保护利用项目村数量及地区分布

| 项目村 数量 地区 | 重点 347 | 一般 1700 | 合计 2047 | 位次 |
|---|---|---|---|---|
| 杭州 | 27 | 151 | 178 | 5 |
| 宁波 | 24 | 116 | 140 | 7 |
| 温州 | 32 | 143 | 175 | 6 |
| 绍兴 | 23 | 114 | 137 | 8 |
| 湖州 | 16 | 38 | 54 | 9 |
| 嘉兴 | 4 | 33 | 37 | 10 |
| 金华 | 60 | 169 | 229 | 4 |
| 丽水 | 70 | 414 | 484 | 1 |
| 台州 | 31 | 214 | 245 | 3 |
| 衢州 | 49 | 284 | 333 | 2 |
| 舟山 | 11 | 24 | 35 | 11 |

### （二）浙江省传统村落保护发展的主要措施及成效

调查发现，近年来浙江省传统村落保护利用工作的主要措施及取得成效呈现出三个方面特点。

1. 科学规划整体布局，传统村落的保护对象不断扩大

2003年，浙江省启动“千村示范、万村整治”工程建设时，时任省委书记习近平指出，浙江省有像兰溪的诸葛村、永嘉的芙蓉村、武义的郭洞村这样历史文化内涵丰富的古村落，要在“千村示范、万村整治”中加强对古建筑古村落的保护。2010年5月浙江省农办根据“千村示范、万村整治”工程建设的实际需要，将特色文化村落仅限于具有物化的农村特色文化，重点是古民居村落和自然生态村落两大类。

2012年4月，浙江省委、省政府办公厅发布《关于加强历史文化村落保护利用的若干意见》，进一步将历史文化村落明确地划分为古建筑村落、自然生态村落和民俗风情村落三种主要类型。2013年起，每年启动约43个历史文化村落重点村和约217个历史文化村落保护利用一般村项目，开始全面启动历史文化古村落的保护利用工作。2016年8月，浙江省政府办公厅发布《关于加强传统村落保护发展的指导意见》中提出，力争2017年底前，全省列入国家、省和地方名录的传统村落数量分别达到400个、1000个和2000个以上。同时，每年选择100个左右传统村落开展重点保护，打造“两美”浙江建设样板。

2018年，浙江省委、省政府印发《浙江省乡村振兴战略规划（2018—2022）》进一步明确指出，对传统村落、少数民族特色村寨、特色景观旅游名村、地理标志产品原产地村、森林人家特色村等自然历史文化特色资源丰富的村庄，全面保护传统村落格局、自然生态肌理、历史风貌等整体空间形态，严格保护文物古迹、历史建筑、传统民居、民族村寨、农业生产遗迹等自然历史文化遗产，尊重原住居民风俗习惯和生活方式……到

2022年，传统村落保护利用完成率达到79.3%。经过各级政府、社会各界持续十多年共同努力，浙江省已启动了2000多个村的保护利用项目，有636个村列入中国传统村落名录。

案例1：杭州市共有178个古村落列入省级保护名录，完成2013—2017年度历史文化村落保护利用重点村共五批16个，前四批均已通过省级考核验收，其中有8个村获考核优秀等次；完成历史文化村落保护利用一般村102个。有序推进第六批（2018年度）和第七批（2019年度）历史文化村落保护利用重点村7个、一般村39个；组织报送第八批历史文化村落保护利用重点村4个、一般村10个。同时，在确保完成省级历史文化村落保护利用任务的基础上，有19个村相继被列为市级古村落保护利用任务。

案例2：丽水市已启动八批次484个历史文化村落的保护利用，占全省的23.64%，其中重点村70个，一般村414个，分别占全省20.17%、24.35%。截至2019年底，全市已完成前五批历史文化村落保护利用工作。2020年，继续推进第六批、第七批历史文化村落项目建设，确保年底前分别完成100%、80%的项目建设进度。组织做好第八批历史文化村落10个重点村规划评审和69个一般村的修缮启动工作。

#### 2.持续出台相关政策，传统村落保护利用力度不断加大

近年来，浙江省各级党委和政府不断贯彻落实“创新、协调、绿色、开放、共享”新发展理念，始终践行“八八战略”全面推进美丽乡村建设，为有效促进传统村落保护发展提供了有力的政策保障。2003年浙江省委、省政府办公厅印发《关于实施“千村示范、万村整治”工程的通知》明确指出要把保护古建筑古村落作为重要内容。2010年浙江省委、省政府办公厅《关于印发〈浙江省美丽乡村建设行动计划（2011—2015年）〉的通知》指出，要培育特色文化村，编制农村特色文化村落保护规划，制定保护政策，在充分发掘和保护古村落、古民居、古建筑、古树名木和民俗文化等历史文化遗迹的基础上，优化美化村庄人居环境。2012年出台的

《关于加强历史文化村落保护利用的若干意见》指出，历史文化古村落的保护利用总体目标是：在全面摸清历史文化村落现状的基础上，科学编制保护利用规划，科学制定扶持政策，力争到2015年，全省历史文化村落保有集中县规划全覆盖，历史文化村落得到基本修复和保护，彻底改变一些历史文化村落整体风貌毁损、周边环境恶化的状况。同时，还制定出台了《浙江省历史文化名城名镇名村保护条例》，让历史文化名村的保护利用有法可依。

2015年《浙江省美丽乡村建设专项资金管理办法（试行）》规定，历史文化村落保护利用重点村和一般村将获得财政补助，其中一类县市的历史文化村落保护利用重点村的补助标准为每村700万元，一般村则给予30万元到50万元左右的补助。2016年8月，浙江省政府办公厅发布《关于加强传统村落保护发展的指导意见》指出，传统村落保护发展的总体目标：全面摸清我省传统村落保有现状，完整记录传统村落文化遗产，加快建立健全有利于传统村落保护发展的各项机制。主要重点任务包括：实施全面普查建档行动、实施分级名录保护行动、实施规划设计全覆盖行动、实施风貌保护提升行动以及实施特色产业培育行动。2016年10月，省财政厅、省旅游局、省旅游集团共同设立浙江省古村落（传统村落）保护利用基金，引导社会力量和社会资本投入古村落的项目开发，通过五年时间，使基金管理资产规模扩大到50亿元，撬动社会资本投资浙江省古村落项目100亿元以上，投资覆盖超百个传统村落。

《浙江省乡村振兴战略规划（2018—2022）》中明确指出，要建设示范精品村，实施“千村精品 万村景区”工程，积极开展美丽宜居示范村创建工作，继续深化传统村落保护利用，加强村庄历史街区、历史建筑保护利用。每年创建6个美丽乡村示范县、200个乡村振兴精品村、200个垃圾分类示范村、20个传统村落保护利用示范村、2000个A级景区村。继续每年启动43个重点村和200个一般村的传统村落保护利用，到2022年，新增美丽宜居示范村500个、美丽庭院500万户，列入中国传统村落保护名录600个以上。

案例3：杭州市前五批重点村保护利用项目共投入资金6.18亿元，其中省级补助资金8900万元、市县配套资金2.72亿元、镇村整合资金2.44亿元、社会资本投入3400万元。在确保完成省级历史文化村落保护利用任务的基础上，有19个村相继列为市级古村落保护利用任务，每个村补助市级财政资金500万元，截至目前已全部通过市级验收。

案例4：丽水市按照“一年成形、二年成品、三年成景”的要求，截至2019年底，全市已完成前5批历史文化村落保护利用工作，累计投入资金17.17亿元，其中省补资金为5.58亿元，累计获省专项建设用地指标765亩，列入项目的数量和获得的补助资金均居全省各市之首。

### 3.深化“千万工程”，传统村落保护利用与乡村振兴有机融合

2003年，浙江省启动“千村示范、万村整治”工程建设伊始，时任浙江省委书记习近平就在全省“千村示范、万村整治”工作会议上强调：要正确处理保护历史文化与村庄建设的关系，对有价值的古村落、古民居和山水风光进行保护、整治和科学合理地开发利用，切实保护好名人故居、古代建筑和历史文化遗迹，做到传承历史文化与融入现代文明的有机统一。浙江省委、省政府办公厅印发《关于实施“千村示范、万村整治”工程的通知》指出，实施“千村示范、万村整治”工程是按照统筹城乡经济社会发展的要求，从治理“脏、乱、差、散”入手……要保护生态，协调发展。

2011年9月，时任浙江省委书记赵洪祝在全省“建设美丽乡村，深化千万工程”现场会上指出，“要把保护和培育文化特色村作为彰显乡村文化特色的主体，切实加大对古村落、古民居、古建筑古树木、古家具、古农具等文化遗迹遗存的保护、开发和利用力度，加大对传统艺术、传统技艺、传统体育、传统民俗、人文典故、地域风情等非物质文化的发掘、传承和弘扬力度。”2012年12月，浙江省委、省政府办公厅发布《关于深化

“千村示范、万村整治”工程，全面推进美丽乡村建设的若干意见》中指出，按照“彰显区域特色、体现农村特点、传承优秀文化”的要求，全面加强历史文化村落保护利用工作。深入挖掘古建筑村落、自然生态村落、民俗风情村落等历史文化村落的个性特色。……科学利用历史文化村落历史风貌、优美田园风光和良好生态环境。

2016年8月，浙江省政府办公厅发布《关于加强传统村落保护发展的指导意见》指出，为贯彻落实中央和省委、省政府关于加大传统村落和民居保护力度、传承和弘扬优秀传统文化的精神，坚持创新、协调、绿色、开放、共享五大发展理念，按照加快建设“两富”“两美”浙江的决策部署，全面加强传统村落文化遗产保护，合理利用，适度开发，努力实现传统村落活态保护、活态传承、活态发展。2020年浙江省政府工作报告中明确指出，要深入实施“千万工程”，持续改善农村人居环境，培育美丽乡村示范县10个，建设新时代美丽乡村5000个。积极推进“百镇样板、千镇美丽”工程。积极培育一批景区县城、景区镇、景区村，开展传统村落风貌保护提升和美丽宜居示范村创建。

自2003年实施“千村示范、万村整治”工程以来，浙江省结合美丽乡村建设开展相关村庄的保护、修缮和建设，着力挖掘乡土文化根脉，加强非物质文化遗产保护。一批破旧损毁的古建筑得到抢救性修复，一批濒临失传的历史文化遗产和“记忆符号”得到挽救，一批农村文化礼堂和乡情陈列馆、博物馆、村志馆不断建立完善，一批濒危和毁损严重的古村落重新焕发了生机活力，与美丽乡村建设相得益彰，乡村三产融合不断深化，村级集体经济得到有效发展，村民收入持续增长，有效促进了乡村全面振兴。

案例5：杭州市完成省级历史文化重点村16个，其中已创建省级新时代美丽乡村特色精品村7个、3A级景区村庄8个、2A级景区村庄1个、国家级传统村落12个、省级传统村落1个、历史文化名村9个，另有3个村所在乡镇为历史文化名镇，拥有市级以上非物质文化遗产11项和省级非遗民俗文化村3个。共修复保护古建筑1080幢、风貌改造协调建筑497幢、异地迁建农户417户、使用用地指标346.2亩、保护省级以上文物144个（处）。16个省级历史文化重点村集体经济收入增长明显。据统计，村均集体经济收入由2003年的47.17万元提升到2019年的131.9万元，提高了180%。农民人均可支配收入由1.83万元提升为2.95万元，提高了61.4%。回乡创业人数从220人增加到733人，带动当地农民就业3748人。共培育农家乐203家、民宿208家，带动乡村休闲旅游游客365.58万人，创造经营收入1.71亿元，形成文创产业、农业品牌、农村电商32项。如富阳区东梓关村采取科学系统的规划方案，实行保护性改造，实现了古村内“建筑与环境、新建与已建、现代与传统、产业与居住”四融合发展，成功打造出“美丽乡村”的“富春山居”新版图。

案例6：台州市非常重视传统村落的保护利用工作，一批破旧损毁的古建筑得到抢救修复，濒危和毁损严重的古村落重新焕发了生机活力。古建筑修复方面，顶瓦修补701幢、墙体加固628幢、立面改造722幢、构件修复658幢。风貌冲突的建（构）筑物整修改造方面，立面改造570幢、结构降层82幢、整体拆除4.7万多平方米、异地搬迁392户，总投资超过6亿元。通过合理统筹安排各部门项目，治污水、清垃圾、浚水系，历史文化村落的生态环境得到全面修复改善。同时，全市秉持村庄经营的理念，通过合理利用和开发历史文化村落，复苏传统手工业，因地制宜地发展生态农业、旅游业等多种产业，有效增加了古村落的居民收入，农民群众获得了真正看得见的实惠。截至2019年，前五批22个重点村共引进社会资本1.2亿元参与古建筑保护和村庄建设，吸引回乡创业人才788人，带动农民就业5177人，开设农家乐82家、民宿49家，接待游客379.8万人，经营收入达5057万元。村集体经济平均收入由2013年的26.4万元增长至55.7万元，实现翻番；人均可支配收入2.1万元，增长幅度达78.1%。

## 二、传统村落保护发展中存在的主要问题

### (一)多个职能部门参与管理,亟须健全完善协同机制

近年来，国家和地方各级政府越来越重视对传统村落的保护与利用，相关职能部门陆续出台了一系列相关政策分类实施保护与利用工作。浙江省也不断扩大传统村落的保护对象，从最初的古建筑、古村落，逐步扩大到历史文化村落、历史文化名村和国家级、省市级传统村落等。然而，中国传统村落，历史文化名村，历史文化村落，国家级和省级文物保护单位等保护利用工作又分属不同职能部门管辖，建设部门负责“传统村落”保护，自然资源规划部门负责“历史文化名镇名村”保护，农业农村部门负责“历史文化村落”保护，文旅游部门负责文物古建筑保护及文化遗产保护工作，每条线口径不一、标准不一，保护职能相互交叉，尤其文物保护审批流程烦琐，力量和资源得不到有效整合，造成保护工作推进缓慢。例如，不同职能部门对传统村落的保护利用工作都要求做相关专项规划，需要基层部门耗费大量人力物力聘请高校院所重复做各种规划文本，但是在具体申报各类项目时并不通用，申报“历史文化村落”时编制的规划，在申报“中国传统村落”时又得重新修编，导致人力和资源的浪费，实际效率不高。

由于多个部门参与传统村落的保护利用工作，职责不清，政出多门，多头管理，一定程度上影响了保护利用工作效率。例如，前几批历史文化重点村省里都有下达土地指标，但是后面几批重点村项目不再享受这项政策，而古建筑开发利用需要原住户异地安置，村民安置建房迫切需要用地指标，基层对政策延续有较强期盼，导致实际工作存在拖延观望乃至消极怠工等现象。

### (二)专业技术性人才匮乏,资金缺口大

传统村落保护利用的内容涵盖面较宽，既包括古建筑修复、非物质文化遗产保护、村庄街巷空间机理规整，又包括村庄资源的整体利用与产业融合发展、乡村文化（尤其是非遗文化）的活态利用等。传统村落保护利用是项系统性工程，涉及古建、园林、农林、水务、旅游等方方面面的工作。古建筑的修复和非遗文化保护传承的专业技术性要求高，而目前掌握传统技艺的工匠和手工艺人越来越少，再加上维修材料紧缺和人工成本高，导致许多传统村落中的古建筑维修费用高，维修覆盖面不广、维修质量不够高。目前，省级重点历史文化村落的保护开发与利用，资金投入少则二三千万，多则上亿元。既有的财政政策对于历史文化（传统）重点村和一般村的配套资金差距较大，每年仅有小部分村才能被评为重点村。对于一般村，省、市、区县、乡镇财政各级补助一般在90万元左右，其他村落保护利用的资金普遍短缺，再加上乡镇一级自身财力运行困难、大多数村级集体经济薄弱，有限的资金投入对于村落的有效保护利用来说是杯水车薪。

目前，传统村落保护利用的具体工作主要是由乡镇（街道）政府及村级组织来组织实施，大部分工作人员没有相关专业知识，再加之行政事务繁重等多种因素的制约，难以对所有传统村落给予有效的指导、监督，只能围绕着政府各种财政项目要求“做文章”，零碎地开展村落的基础设施建设和古建筑修缮等工作，影响了对传统村落的有效保护利用的总体效率。

### (三)古建筑修复及基础设施建设,与村庄整体发展协调性不够

调查发现，目前各地政府主导开展的传统村落保护利用工作中，普遍

将财政资金投入重点放在古建修缮、古道修复改造以及村内道路等基础设施建设方面，对于民俗文化、传统技艺的开发较少，很少对非物质文化遗产进行系统整理、挖掘、传承和展示。在传统村落保护利用项目实施过程中，侧重于局部区域内古建筑的修复保护，对于周边房屋建筑以及村庄空间环境整体格局重视不够，尤其是有些古建筑历经数代传承，多为多家共有，产权复杂难以明确具体产权归属，如桐庐县深澳村的恭思堂拥有产权的户数达27户，使用权的分散造成古建筑无人管理经营，处于自然损坏与人为破坏的危险中。

一些地理位置偏远的传统村落基础设施比较薄弱，多数古民宅由于年久失修而成为危房，无法进行内部生活设施改造，不能满足居民生活需要。有些村庄逐渐“空心化”，古民宅空置而遭雨水虫害等侵蚀，导致古建筑破损加速。同时，随着农村居民生活水平不断提高，古民宅已不能满足其居住需求，在农村建设用地和宅基地管理的刚性约束下，农民无地建房，因此违章建房屡禁不绝，致使一些古建筑周围的历史空间环境被“现代建筑”空间所取代，导致村落原有的历史空间格局和传统乡村文化风貌遭到不同程度破坏，开发与保护利用的矛盾日益尖锐。

### （四）保护利用工作主要依赖外部力量，村民的主体性和参与性不足

近年来，各级政府普遍采取招投标形式加强对财政项目资金的管理监督。传统村落保护利用项目是由不同职能部门各自招标分散实施，基本上是由具有专门资质的大中型企业投标中标后自行实施，从而导致基层政府、村两委和村民很少有机会能够参与这些项目。这种主要依赖政府等外部力量采取项目制形式开展传统村落保护利用工作，致使一些乡镇、村在保护利用过程中，滋生了“等靠要”思想，过度依赖上级补助项目资金安排，工作推进的积极性、主动性难以提高。片面割裂各自为政的项目制保护利用方式，很难做到对村落自然、人文和社会资源的有效挖掘整合，这

种方式忽视了以村民为参与主体对于传统村落综合多元性价值的保护利用与活态传承，更难以与“产业兴旺、生态宜居、乡风文明、治理有效、生活富裕”等乡村振兴目标要求有机融合，统筹全面发展。

### （五）欠缺对乡村价值和产业融合的深度发掘

近年来，因多个职能部门主导，导致对传统村落保护管理工作中普遍存在与乡村振兴推进工作不合拍现象，尤其是存在缺少基于乡村价值的和乡村整体发展的“多规合一”的科学合理规划。在实际工作中，主要表现为偏重于基础设施等硬件建设以及文化遗产保护，缺乏对非遗文化、人文典故等文化内涵的深层次挖掘整理、重塑和活态传承，其独特的传统农耕生产、田园生态价值、村落共同体价值以及乡村文化教化价值等没有发挥出来，从而导致传统村落的保护管理与村落可持续发展无法有机融合，甚至出现相互割裂现象。

越来越多的商业资本和社会力量通过多种途径开始参与传统村落的开发利用，但他们片面地利用乡村优美的自然生态环境和悠久的乡村人文景观大力发展乡村旅游（主要是农家乐、民宿、研学游等），使一些传统村落变成了生意火爆的旅游景点，传统村落过度商业化，不利于对其保护。同时，盲目快速发展的民宿业建筑用材使用也不协调，现代元素如不锈钢、水泥、喷绘等使用过度导致整体不协调，过度装修现代化风格也可能破坏古建筑的原有结构，甚至是破坏和侵蚀了传统村落原有的“天人合一”的自然环境和深厚悠久的乡土文化。部分古建筑修复后依旧空置，没有合理化利用，存在资源碎片化、旅游要素不完备、主题特色不鲜明等问题，而产业融合度不高，品牌宣传力度不够，又难以满足人们多层次、多样化和高品位的消费需求。

# 第三章　传统村落变迁与乡村价值传承的典型实践比较

研究发现，历史文化（传统）村落具有“道法自然”的农业生产价值、“天人合一”的生态价值、社区共同体的生活价值以及文化传承与教化价值等综合多元性价值。相对于一般村落而言，历史文化（传统）村落作为乡村价值传承的活态天然博物馆，其综合多元性价值蕴含于乡村独特的生产生活方式之中，并以其为载体更为清晰完整地传承延续。结合研究需要，我们选取了浙中和浙西地区的六个不同类型的历史文化（传统）村落作为典型案例开展实地调查，六个传统村落分别是金华市金东区琐园村和蒲塘村、东阳市蔡宅村、丽水市庆元县月山村、衢州柯城区妙源村、义乌市何斯路村。我们采取关键人物口述史、个案访谈法等调查方法，对这些传统村落的价值保护传承与开发利用的创新实践经验，开展了较为深入的实地调查、系统总结和比较分析。

## 一、案例村概况

### （一）琐园村

琐园村建村于明朝万历年间，距今已有430多年历史。全村482户，1224人，以严、俞、徐姓为主。该村现保存的古建筑有严氏宗祠、务本堂、怀德堂、集义堂等明末清初厅堂十余座，是金华市规模最大的古建筑群之一。1996年，琐园村被列为“金华县第二批县级重点保护单位”，2011年被列为“浙江省乡村建筑保护单位”，2017年又被列为第一批“浙江省传统村落保护名录”。

（二）蒲塘村

蒲塘村建村于南宋元丰年间，距今已有900多年历史。全村620户，1530人，以王姓居多。该村古建筑较多，素有“一祠一阁四寺四庙十堂楼”之称，至今保存完好的有省级文物保护单位——风林王氏宗祠，市级文物保护单位——文昌阁，以及古民居多处。蒲塘村历史文化积淀深厚，历代崇尚“文昌武曲”。该村“蒲塘五经拳”“白灯笼板桥灯”“铜钱八卦”被列入金华市非物质文化遗产名录。2010年蒲塘村被评为金华市级文化名村，2012年被列为浙江省首批历史文化村落保护利用重点村，2017年又被列为第一批“浙江省传统村落保护名录”。

（三）蔡宅村

蔡宅村位于浙江省“百工之乡”的东阳市东北部，始建于元朝，因鹿峰蔡氏始迁祖卜宅定居而得名。该村山林资源十分丰富，竹编产业发展较快。蔡宅村乡村教育历史源远流长，自宋元以来，兴学重教、勤耕苦读之风久负盛名，鹿峰蔡氏“理学名宗”享誉东邑。其中，教育改革先驱蔡汝霖先生于1905年在蔡宅村内创办“浙东第一小学”，1958年改为蔡宅小学，一直沿用至今。蔡宅村现保留着明清时期古建筑200余幢，是东阳市最大的古建筑群之一，2014年被列入第三批中国传统村落名录。

（四）月山村

月山村位于浙江省庆元县举水乡，因后山如半月，村前溪水曲似银钩，村落坐落其间，如同山环水抱的一轮圆月而得名。据《吴氏家谱》记载，月山村始建于北宋景德元年（1004年），距今已有一千多年的历史。自建村以来，月山村一直以农业生产为主，千余年的农耕历史孕育了丰富独特的人文景观和自然景观，如著名的“二里十廊桥”、吴氏宗祠、“举溪八景”等。月山村还保留着打黄粿、做香菇等丰富多彩的农耕文化。月山村获得有“全国特色旅游名村”“中国最美休闲乡村”等荣誉称号，村民自娱自乐的“月山春晚”被誉为“中国最山寨的草根春晚”。

（五）妙源村

妙源村位于浙江省衢州柯城区九华乡，根据吴氏宗谱记载，乾隆二十七年（1762年）从福建上杭迁居此地，距今已有250余年的历史。该村山清水秀、民风淳朴、文化底蕴深厚，村内还保存有苏氏宗祠、吴家大院、梧桐祖殿等传统建筑。2016年11月30日，中国“二十四节气”正式列入联合国教科文组织人类非物质文化遗产代表作名录，而妙源村则是作为该名录中“九华立春祭”的发源地。妙源村山林资源丰富，其中毛竹林有6000亩。村内大部分老年人以做笼帚、扫帚、竹篮等竹制品为主要收入来源。妙源村被评为“浙江省文明村”“浙江省特色旅游村”，2017年被列入第一批“浙江省传统村落保护名录”。

（六）何斯路村

何斯路村位于浙江省义乌市城西，根据《斯路何氏宗谱》记载，何斯路村始建于元朝，距今已经六百余年。村庄布局呈北斗七星状，依次由拙朴的燕子坳古村落、庄严肃穆的何氏宗祠、历史悠久的明代古宅、风景秀丽的卧牛山岗以及碧波荡漾的志成湖组合而成。何斯路村拥有的秀美自然风光与深厚乡村文化底蕴，为其成为宜居、宜业、宜人的“真、善、美”的幸福乡村奠定了基础。何斯路村获得有“浙江省文化示范村”“中国美丽田园村”“浙江省3A级旅游景区”等荣誉称号。

## 二、传统村落的公共空间变迁与乡村价值传承

### (一)关于村落公共空间的文献研究述评

村落公共空间是村民日常生活的重要场所，是开展乡村文化活动的重要载体，也是村庄共同体得以延续的重要平台。近年来，城市化、工业化的快速发展导致越来越多的村落正在迅速地“空心化”，甚至走向“终结”或解体，村落公共空间也逐步萎缩或荒废，村落作为社区生活共同体的价值日趋削弱。

关于“村落公共空间”概念及其功能，学者们分别从公共属性、关系属性、空间属性、社会属性、文化属性等不同视角加以界定和分析。例如，戴林琳、徐洪涛认为村落公共空间作为容纳村民公共生活及邻里交往的物质空间，是村民可以自由进入、开展日常交往、参与公共事务的主要场所。朱海龙、曹海林等认为村落公共空间既是一个拥有固定边界的实体空间，也是一个具有公共性的相对固定的社会关联形式和人际交往结构形式的空间。王春光认为村落公共空间本身是一种自治方式，对公共权力的授权和使用具有独立的约束力量。董磊明认为村庄公共空间主要包括公共场所、公共权威、公共活动与事件、公共资源四个要素，影响着村民的日常生活与精神状态，形塑着村庄的价值体系。我们认为，村落公共空间是在一个村落共同体内部，在村民长期的生产生活中逐步形成的，影响和形塑村民日常生活方式的公共空间结构和社会关系状态，不仅包括有形的公共物质性的结构空间，还包括无形的社区共同体的精神归属空间。

关于村落公共空间变迁及其发展趋势，有学者认为，随着农村经济社会的巨大变迁与转型，大量村落公共空间逐渐萎缩、废弃甚至消逝。曹海林指出，村落公共空间的演变呈现出行政嵌入型的正式公共空间趋于萎

缩，而村庄内生型的非正式公共空间日益凸显的大致趋势。也有学者认为，村落公共空间的发展受经济社会等诸因素影响，未来具有许多不确定性。

综上所述，既有研究成果主要集中于对村落公共空间变迁及其原因的分析，而对村落公共空间变迁与乡村文化传承以及村落发展的研究关注不够。随着社会主义新农村建设的不断深入，尤其是为了适应新常态发展趋势，迫切需要传承中华传统优秀文化，加强文化软实力建设。而中华传统文化之根在于乡村文化，“记得住乡愁”首先要“系得住乡愁”。因此，近年来各级政府不断加强农村公共基础设施和公共文化服务建设。2013年，浙江省提出要大力建设农村文化礼堂，加强乡村文化建设，打造农民精神家园，实现农村“物质富裕、精神富有”。因此，通过系统梳理新中国成立以来村落公共空间变迁及其对乡村文化传承发展所带来的影响，尤其是通过比较分析国家、社会、村民等多元主体在村落公共空间变迁与乡村文化传承发展中的角色地位，可以有效地为重构村落公共空间、促进乡村文化传承以及新型农村社区建设提供理论指导及经验借鉴。

### (二)传统村落公共空间变迁与乡村文化传承

#### 1. 样本村公共空间变迁

根据前期研究基础，我们选取了浙江省三个建村历史较长、村落公共空间保留相对完整以及村落文化较为丰富的样本村，分别是金华市金东区蒲塘村、琐园村，丽水市庆元县月山村，采用实地访谈方法深入系统地开展传统村落公共变迁及乡村文化传承的调查研究。

调查发现，新中国成立以来，蒲塘村、琐园村和月山村的主要公共空间从空间形态到承载功能都发生了巨大变化（见表3-1），对乡村文化传承发展也产生了不同的影响。

### 表3-1　三个村不同历史阶段的主要公共空间、开展活动内容及组织者

| 历史阶段 | 村庄 | 公共空间 | 开展活动内容 | 组织者 |
|---|---|---|---|---|
| 新中国成立以前 | 蒲塘村 | 王氏宗祠、文昌阁 | 族内活动、唱戏、办学 | 乡绅、族长 |
| 新中国成立以前 | 琐园村 | 严氏宗祠 | 族内活动、唱戏、办学 | 乡绅、族长 |
| 新中国成立以前 | 月山村 | 吴氏宗祠、云泉寺、文奎阁 | 族内活动、迎神、唱戏、办学 | 乡绅、族长 |
| 新中国成立初至改革开放前 | 蒲塘村 | 王氏宗祠改为粮仓 | 存放稻谷 | 生产队 |
| 新中国成立初至改革开放前 | 蒲塘村 | 灵山庙拆移改为大会堂 | 社队活动、政治学习、样板戏 | 生产队、俱乐部 |
| 新中国成立初至改革开放前 | 琐园村 | 严氏宗祠改为粮仓 | 存放稻谷 | 生产队 |
| 新中国成立初至改革开放前 | 琐园村 | 严氏宗祠改为大会堂、小学 | 社队活动、政治学习、样板戏、放电影、办学 | 生产队、俱乐部 |
| 新中国成立初至改革开放前 | 月山村 | 吴氏宗祠、云泉寺改为粮仓 | 存放稻谷 | 生产队 |
| 新中国成立初至改革开放前 | 月山村 | 地主大宅改造为大会堂 | 社队活动、政治学习、样板戏、放电影 | 生产队、俱乐部 |
| 改革开放初至21世纪初 | 蒲塘村 | 王氏宗祠 | 出租办厂、堆杂物、文保单位 | 个别村民 |
| 改革开放初至21世纪初 | 琐园村 | 严氏宗祠 | 出租办厂、办公、文保单位 | 个别村民、村两委、 |
| 改革开放初至21世纪初 | 琐园村 | 新建学校 | 办学、出租办厂、闲置 | 学校、个别村民 |
| 改革开放初至21世纪初 | 月山村 | 吴氏宗祠、云泉寺 | 私人香菇房、文保单位 | 个别村民 |
| 改革开放初至21世纪初 | 月山村 | 新建大会堂 | 公社与大队活动、私人香菇房、闲置、过年举办联欢晚会 | 个别村民、村两委、文化精英 |
| 改革开放初至21世纪初 | 月山村 | 新建学校 | 办学、过年举办联欢晚会 | 学校老师、文化精英 |
| 2010年至今 | 蒲塘村 | 王氏宗祠、废弃校舍改为文化礼堂 | 展示村情、村史及民俗等，开展乡村文化活动 | 村两委、文化精英 |
| 2010年至今 | 蒲塘村 | 会堂改为老年活动中心 | 开展老年文化活动 | 村两委、老年协会 |
| 2010年至今 | 琐园村 | 严氏宗祠改为文化礼堂 | 展示村情、村史及民俗等，开展乡村文化活动 | 村两委、文化精英 |

续 表

| 历史阶段 | 村庄 | 公共空间 | 开展活动内容 | 组织者 |
| --- | --- | --- | --- | --- |
| 2010年至今 | 琐园村 | 学校改为村办公室、居家养老照料服务中心 | 村两委办公、居家养老服务 | 村两委 |
| | 月山村 | 吴氏宗祠、云泉寺、大会堂改为文化礼堂 | 展示村情、村史及民俗等，开展乡村文化活动 | 村两委、文化精英 |

2. 以宗祠为载体的乡村宗族文化的维系（新中国成立以前）

长期以来，农村居民世代聚族而居，形成了以宗族文化维系的传统村落。新中国成立以前，宗祠是维系宗族性村落共同体的中心，在村民的生活中起着无可替代的作用，规制着乡村社会的道德秩序和礼仪习俗，促进乡村社会的协同与整合。

蒲塘村、琐园村和月山村都是以某个大姓为主的宗族性村落。这三个村自建村伊始，都是由族内乡绅或族长领头捐资或共同筹资建造宗祠、庙宇等公共建筑，并经后世不断修葺。同时，族内各房及乡绅还踊跃捐田形成族田、祠田、学田等，其收入主要用于宗族祭祀、资助族内后代读书、困难救济以及修建宗祠庙宇、修路造桥等慈善公益事业。此外，蒲塘村和月山村还专门筹资修建文昌阁和文奎阁专门用于族内子弟的教育之所。因此，宗祠成为整个宗族祭祀祖先、传承族训与道德教化、兴办私塾教育族内子弟、商讨族内要事等重要场所。在祠堂所开展的各种仪式中，乡绅、族长以“祖宗的名义”执掌着族规、祖训、谱禁以及村规民约等，规范村民们的日常行为，强化宗族共同体认同意识，从而使祠堂成为一个集宗法、习俗、礼仪、道德教化等宗族文化为一体的村落重要公共空间，成为凝聚宗族力量、强化宗族权威及教化的重要载体，维系和延续着村落共同体的发展。长期以来，得益于恭俭礼让、耕读传家的宗族文化的教化维系，蒲塘村、琐园村以及月山村世代民风淳厚、人才辈出。正如月山《吴氏宗谱》记载：吴氏“诸子辈咸彬彬然有儒雅风。且二三书塾时闻读书声。东庄吴氏真能以耕读世其家者矣。……历世人文鹊起，仕宦蝉联，其文德武功彪炳史册者累累。”

3. 以会堂为载体的乡村政治文化的强化（新中国成立初至改革开放前）

新中国成立以后，随着国家陆续在农村实行“土地改革”、农业社会主义改造、“大跃进”以及“人民公社化”等一系列运动，国家政权力量日益渗透到乡村社会中，国家权威以及政治性文化对乡村生产生活的影响日益强大。反之，以宗族文化维系的乡村传统文化遭遇了全面围剿而迅速萎缩乃至“退场”。村落公共空间从外部物质形态到承载功能都发生了巨大变化，政治化色彩愈发浓厚。原来的宗祠、庙宇大多数被拆除，有的被改造成为生产队的粮仓，有的被改造成为大会堂，成为村庄行政化共同体的中心，乡村政治文化不断得以强化。此时的乡村社会是在国家建构性秩序的规划之中运转，村庄社会的整合越来越依靠外部力量的强行进入。

调查发现，在新中国成立以后到改革开放前的这段时期内，蒲塘村、琐园村和月山村的公共空间发生了巨大变化。首先，随着国家政权力量不断渗透到乡村社会，祭祀、教化、私塾等宗族活动都被取消或禁止，宗祠不再是村落共同体的社会生活中心，尤其是在“破四旧”中都不同程度地受到毁坏。为了避免宗祠不至于在激烈的政治运动中完全被破坏，在以大姓为主的宗族性村落中，村民们将宗祠改造成为生产队的粮仓，将宗祠中的祖宗牌位秘密地收藏起来，用稻草或泥巴将精美的木雕或砖雕包裹起来，将代表封建落后文化的宗祠改造成为政治文化的宣传场所。例如，琐园村先是把宗祠作为生产队粮仓，不久又重新将宗祠改造成为生产队的大会堂和村小，使宗祠成为服务于村内政治活动和文化教育活动的阵地，也将宗祠较为完整地保存下来。

随着农村实行“农业社会主义改造”以及“队为基础、三级所有”的人民公社体制。于是，为了配合农业合作化开展，1954年前后各地农村纷纷成立俱乐部，采用文艺演出形式宣传“农业社会主义改造”的成果。又将农村俱乐部改为“毛泽东思想文艺宣传队”（以下简称为“文宣队”），在农村开展文艺调演或汇演，强化政治文化宣传和灌输。于是，一个崭新的村落公共空间——大会堂便迅速在各地乡村应运而生。例如，琐园村将本来作为粮仓的严氏宗祠腾空，改造成为大会堂。月山村先是将原来空置的地主大宅改造成为大会堂，1974年又在举水公社的支持下，重新建造大会堂。蒲塘村则将村外的一座灵山庙拆除，将木料运回村里建造大会堂。“文革”期间，大会堂作为生产队政治运动的重要场所，大多数夜晚由大队干部召集全体社员一起传达上级精神、农业学大寨、工业学大庆、学习毛泽东思想等。坐在主席台上的干部政治激情高涨，台下的男社员抽着烟侃大山，女社员则一边纳鞋底一边聊家常。每隔一阶段，大会堂前面的空场地上搭起了舞台，明晃晃的汽油灯早早地亮起来，公社或大队的“文宣队”热情高涨地唱起了拿手的《智取威虎山》《红灯记》《沙家浜》等样板戏，或者是放映《红色娘子军》《南征北战》《渡江侦察记》等革命题材的电影。于是，大会堂成为乡村政治文化的表演舞台，成为全体社员集体政治大联欢的开心俱乐部。随着政治力量的嵌入，原来以宗族文化维系的传统“熟人社会”快速地变成了以政治文化高度统领和集中的——生产队。

调查发现，从“合作化”时期的农村俱乐部到“文革”期间的“文宣队”，其开展的乡村政治文化活动，使一些乡村民间文化能人以及一批爱好文艺的农村青年保持了开展乡村文化活动的激情，使他们成为改革开放以后乡村文化活动的传播者和组织者。例如，被国内各大媒体宣传成为“中国式过年之文化样本”和“中国最山寨春晚”的月山村春晚，就是由村里当年俱乐部和“文宣队”的骨干成员吴绍利、吴信、鲍金女、吴晓梅等人不断传播、发动以及培养后备文艺骨干的结果。蒲塘村和琐园村依托一些民间艺人和爱好文艺的村民也都持续不断地开展丰富多彩的乡村文化，促使这两个村成了有名的地方历史文化名村。

4. 村落公共空间消逝与乡村文化的荒漠化(改革开放初至新世纪初)

改革开放以来，随着农村家庭联产承包责任制的实行，尤其是1983年以政社合一为特征的人民公社制度开始解体，在农村建立乡政府和村民委员会。于是，国家行政性力量对农村生产生活的控制逐步削弱，村集体所有的资产、资金和资源都被拆分到户，家庭越来越成为主导村庄日常生产生活的基本单位。原来作为政治文化象征的大会堂或被分给不同的农户居住，或成为牛棚，或用来堆放农具和柴草。原来生产队的晒谷场也被分割成片分到各户，有的农户在上面盖起了猪圈或牛棚；原来宽阔的村干道被村民圈成了自家的院子。勤劳的农民在国家“劳动致富”的经济动员下白天辛勤劳作于自家的责任田，晚上除了盘算好明天的农活，便早早地熄灯睡觉。于是，村落的公共空间越来越萎缩，乡村文化活动越来越被家庭生产活动所挤占，高度集中化的生产队迅速地转变为以家庭为基本单位的“原子化”自然村。

20世纪80年代后期，随着农民收入和生活的水平不断提高，黑白电视机、录音机等家用电器逐步在农村出现。每天晚上迫不及待地来到拥有电视机的少数农户家里看武打片，成为年轻人心中的热切期盼。出于不用到邻居家蹭电视看的好面子心理以及可以痛快地过着电视瘾，电视机迅速地在农村普及。此后的乡村夜晚，更少看到在村内闲聊或串门的人影，家家户户都传出电视的声音。尤其是进入90年代，随着国家行政力量逐步从农村退出，农村集体经济举步维艰，同时村民的市场经济观念不断增强，发展副业和外出打工成为农民发家致富的首选。于是，村委会和少数村民不约而同地聚焦到那些闲置已久的大会堂、寺庙以及学校等公共空间，通过出租这些公共空间，村集体可以拿到一些收入以弥补集体开支，少数村民把公共空间改造成为手工加工作坊等。例如，蒲塘村、琐园村和月山村都是将闲置的宗祠出租给私人办厂。琐园村和月山村更是将“文革”后期建造的使用时间不长便一直闲置的学校和大会堂也用来出租。

随着越来越多的中青年村民进城打工或经商，大规模撤并行政村和村级学校，使曾经被改造成手工作坊或厂房的宗祠不再机器轰鸣，曾经书声琅琅的学校只能偶闻叽叽喳喳鸟叫声，曾经人来人往的村口老树下只剩下孤坐在“寂寞夕阳”中的留守老人，昔日热闹的村落变成了冷清的“空心村”。只有到年关腊月，外出打工的成年人、外出读书的孩童回家过年时，村庄才又重现少有的热闹气氛，而此时，村中的小超市（杂货店）俨然成为村里人气最旺的地方。孩子们结伴购买各种零食和玩具，成年人则端坐在牌桌和自动麻将机旁打牌、打麻将，整个小超市变成了村民们最乐意光顾的开心场所。以往农村春节期间的玩龙灯、迎神等传统逐渐消失；传统家庭亲情及熟人社会的情感被过度商品化的金钱关系冲击；黄赌等糟粕文化及陈规陋习又沉渣泛起；传统乡村文化被城市电视文化和网络游戏等占领。伴随着农村公共空间的消逝，乡村文化日益荒漠化，乡村社会也变成了“无主体熟人社会”。

调查发现，尽管月山村与大多数村落一样，改革开放以后村落的公共空间不断萎缩，但是乡村文化活动却在少数“文化农民”的努力下得以维持乃至传承。当年俱乐部和“文宣队”的骨干到了改革开放之初俨然成为村里不可多得的“文化人”，他们无论是在组织开展乡村文化活动还是村内公共事务管理等方面都发挥了重要作用。尽管“文革”后期乡村政治文化气氛依然很浓，但是以吴绍利、吴美妫等为代表的“文化农民”每年过年时都会几家凑在一起举办家庭联欢晚会。到了1981年的春节，他们更是经过精心组织安排，发动全村村民在新建学校的操场上举办了一场热热闹闹的联欢晚会，让村民们自编自演熟悉的地方戏和拿手的绝活，创造了被媒体称为“中国最山寨的草根春晚”，比中央电视台1983年直播的春晚还早两年。目前，月山春晚已经持续了三十多年，成为“中国式过年之文化样本”。

5. 以文化礼堂为载体的乡村公共文化的复兴与传承（2000年至今）

随着中国现代化进程不断深入，政府和社会各界对“可持续发展”的理解在不断深化。传承和发扬中华民族优秀传统文化，加强文化软实力建设越来越成为全社会的共识。中华民族传统文化之根在于乡村文化，面对日益荒漠化的乡村文化，当务之急要加强乡村文化建设。21世纪以来，无论政府、社会还是村民都在以不同的形式和途径传承和发展乡村文化。

自从农村实行家庭联产承包责任制以来，虽然恢复了农民家庭的农业生产功能，释放了广大农民的生产积极性，有效地提高了农业劳动生产率。然而，这种以家庭为单位的生产方式在农业生产过程中也遭遇到许多问题，尤其是在农忙时需要多人合作但却缺少足够的劳动力或者是特殊劳动技能的劳动力，而这些在原来的生产队都不成问题。于是，人们开始自觉地寻求在家族内部或亲戚邻居之间的互助换工，村落共同体的“守望相助”功能逐渐恢复。90年代后期，越来越多的村民以亲戚带亲戚、长辈带晚辈等形式外出进城打工，离开熟悉的村庄进入陌生的城市社会，他们更加体会到亲情乡情的重要，主动地“抱团取暖”。留在村里的留守老人和妇女，面对繁重的农业劳动更加束手无策，只好被动或主动地寻求宗族或姻亲的帮助。在许多地方的农村，由那些外出经商或承包工程的先富起来的村民带头捐资倡议重修祖坟和家谱、重修（或新建）宗祠和祭祖等宗族活动，得到了族内老人和其他村民的热情拥护与支持，真正是“有钱出钱、有力出力”。于是，沉寂三十多年的宗族文化又开始复兴。当然，乡村宗族文化的复兴并不是没有变化的复归，而是处于消解中的复兴，是村民为了寻求乡村社会秩序的重建以及满足其情感和精神的归属。同时，随着农民收入不断增长和生活水平不断提高，尤其是越来越多的年轻人将城市的现代文化带回到农村，农民的生活方式和思想观念也不断现代化。一些村民在操办子女婚事、考大学、盖新房等喜事时开始花钱请戏帮唱戏或放电影。一些返乡的中青年妇女也开始像城里的妇女一样，晚上在忙完家务后和一帮姐妹们在家门前的空地上开心地跳起了广场舞。

面对农村文化的荒漠化之势，各级政府开始加强对农村公共文化设施建设，开展各种文化活动。1996年十四届六中全会指出，要大力推进农村精神文明建设，满足广大农民的精神文化生活需求。1996年12月，中央宣传部、国家科委、农业部、文化部等十部委联合下发了《关于开展文化科技卫生“三下乡”活动的通知》，其中，文化下乡主要包括图书、报刊下乡，送戏下乡，电影、电视下乡，开展群众性文化活动等。2011年，十七届六中全会进一步指出，要建设优秀传统文化传承体系，加强文化软实力建设。要加快城乡文化一体化发展，要以农村和中西部地区为重点，加强县级文化馆和图书馆、乡镇综合文化站、村文化室建设，深入实施广播电视村村通、文化信息资源共享、农村电影放映、农家书屋等文化惠民工程。然而，无论是“文化下乡”还是“文化惠民工程”在实施过程中都遭遇了“最后一公里”的问题，导致文化难以真正进村落地。首先，限于财力、人力等因素制约，许多农村文化设施和活动只能在乡镇建设和开展，而随着撤乡并镇的实行，乡镇区域范围不断扩大，于是“文化下乡”和乡镇文化站所开展的活动也只能惠及少数农村居民。其次，随着大规模撤并行政村以及市场经济的发展，村级集体经济发展缺乏后劲，村干部承担的公共事务不断增多，外出务工的年轻人越来越多，村落公共空间的急剧萎缩或消逝，从而导致大多数农村公益性活动处于“无钱办事、无人管事、无人干事”的窘境。因此，一些进村送戏、送电影、送书等“文化下乡”活动和“文化惠民”工程，往往在村里遭遇没有活动空间、没有活动对象等尴尬结局。

随着城市化、工业化的快速发展，越来越多的城里人憧憬着“看得见山、望得见水”的田园风光。尤其是那些离开农村在城里工作生活的“新乡贤”们愈发感慨要“记住乡愁”以及“留住乡村”。学术界也开始聚焦于乡村文化以及乡村价值的传承与保护研究。舆论媒体及其他社会各界也开始热衷于推动乡村文化的发展。例如，2007年初，《浙江日报》《钱江晚报》《今日早报》和浙江在线新闻网站联合临安、嘉山、临海、新昌等61个县（市、区），发动广大农民开展“种文化”百村赛活动。临安市青山街道朱村等八个村率先向全省农民发出《我们都来“种文化”》倡议书，拉开了农民“种文化”活动的大幕。所谓“种文化”就是在政府以及社会各界的支持下，激发和引导农民群众像种庄稼一样，在村里经常性地开展自娱自乐的文化体育活动，把文化的“种子”种入乡村大地，让它生根、发芽、开花、结果。通过开展“种文化”活动，唤醒和激发了各村“文化农民”开展文化活动的积极性，尘封已久的传统文化活动又重新展现出昔日风采，各种民间体育活动也异彩纷呈，丰富了广大农民的精神文化生活，有效地促进了乡风文明建设。

浙江省委、省政府针对农村基层公共文化服务不够健全，农村基本文化场所和文化载体十分缺乏，以及在传承优秀文化、弘扬文明乡风、培育农民素养等方面存在问题，为了进一步丰富农村精神文化生活，实现农村“物质富裕、精神富有”，从2013年开始在全省范围内大力推进农村文化礼堂建设，旨在以“文化礼堂、精神家园”为主题，坚持设施建设与内容建设相同步，政府主导与多方参与相结合，科学规划、合理布局，以点带面、形成特色，整合资源、共建共享，充分发挥农村文化礼堂在提升农民素质、打造精神家园、繁荣农村文化、促进农村和谐中的重要作用。截至2014年，浙江省新建农村文化礼堂1742家，计划通过三至五年时间实现中心村全覆盖。

所谓农村文化礼堂就是通过整合政府、社会以及村庄各种物质资源、人力资源、文化资源等，在村域范围内利用既有的公共空间（如宗祠、闲置的会堂、校舍或其他房屋等）改建、扩建，或者是根据规划新建礼堂、讲堂、健身广场等文体活动场所。农村文化礼堂是一个集政策宣传教育、乡风文明弘扬、文明礼仪教化、文化体育娱乐、文化知识传授等于一体的村级综合性的公共空间，是通过“礼”与“堂”有机融合，实现有形的物质空间和无形的精神空间的完美统一，从而通过有效地打造农民精神家园，重构村落共同体。根据《关于推进农村文化礼堂建设的意见》统一部署，农村文化礼堂要以展览墙、室、馆等不同载体，以图片、文字以及实物等展示村史村情、乡风民俗、崇德尚贤、美好家园等内容；要充分利用文化礼堂设施，组织开展节庆礼仪、乡风文明、教育培训、文体娱乐等各项文化活动；要安排落实村干部专门负责、配备专(兼)职管理人员负责日常管理服务、组织文艺骨干开展文化活动。

随着农村文化礼堂建设工作的不断推进，蒲塘村、琐园村和月山村的公共空间建设以及村落文化传承又重新焕发生机。在各级政府部门的项目支持、社会力量以及全体村民的积极参与下，这三个村都先后对宗祠等传统古建筑进行了全面修缮，重修家谱，将积极健康的村规民约、家训、族训以及先贤事迹等在宗祠中展示，并组织开展了诸如儿童启蒙礼、重阳尊老礼、传统婚礼、春节祭祀礼以及“好媳妇”和“五好家庭”评比等传统文化的传承与道德教化活动。同时，村两委结合“三改一拆”工作，通过耐心细致的群众工作，将原来宗祠、会堂或学校周边的私搭乱建的建筑拆除，根据村庄规划重新设计，改造成为文体活动广场、篮球场等，组织开展了一系列日常性的文体活动。例如，琐园村充分利用严氏宗祠空间面积较大以及保存完好的优势，将宗祠改造成为一个综合性的文化礼堂。宗祠正门外建成了一个开阔的文化活动广场，两侧外厢房分别改造成为“金华市优秀村干部事迹展示馆”和“农耕文化展示馆”，宗祠正厅成为“积道讲堂”和“道情书场”，用来宣传政策和文化科技以及传承和表演金华市非物质文化遗产——道情的重要场所，而两侧内厢房则分别作为专门展馆用以展示村史村情、乡风民俗、崇德尚贤、美好家园以及文化书屋等。而原来闲置的学校一楼改造成为居家养老服务中心，二楼作为村两委办公场所。蒲塘村把废弃闲置已久的抗战时期原金华一中校舍改造成为村文化礼堂的主阵地，并将周边违章建筑拆除，分别改建成为村公共服务中心、文体活动广场和五经园。尤其是五经园的改造建成，使得该村特有的金华市非物质文化遗产——五经拳有了专门的传承场地。爱好拳术的村民可以在村里拳师的带领下，早晚空闲时间在五经园练拳健身。外来的游客也可以通过五经园围墙上所展示的五经拳介绍、全套招式演示图等直观地了解这种独特的乡村文化。月山村则结合历史文化名村改造项目，对原来的大会堂从建筑外立面到内部设施进行了彻底的改造装修，把大会堂改造成为展现“中国最山寨的草根春晚”——月山春晚的主要舞台以及妇女跳排舞、放电影等日常文化活动的主要场所。

随着文化礼堂的建设和完善，蒲塘村、琐园村和月山村的以宗族文化为核心的传统乡村文化得以有效传承和发展，日常文化体育活动开展得有声有色，丰富了村民的精神生活，各项“三农”政策以及现代文化科技知识得到有效传播，乡风文明不断改善提高，村民的社区凝聚力和共同体的归属感不断提高，优良的乡村文化的传承发展正在成为促进村落发展的内在精神动力。

## (三)结论与启示

### 1. 公共空间始终是乡村文化传承和村落共同体延续的主要载体

通过梳理蒲塘村、琐园村和月山村的村落公共空间变迁历程可以看出，公共空间始终是乡村文化传承和村落共同体延续的主要载体。在传统农耕社会里，村民或傍水建村，或依山建寨，世代聚族而居，形成了独具特色的村庄聚落空间。村里的桥头边、大树下、溪水旁以及宗祠、庙宇等都成为村民们日常活动的公共空间，其中的一草一木、一砖一瓦都记忆承载着以宗族文化为核心的乡村文化，形成了“皇权不下县、县下惟宗族、宗族皆自治、自治靠伦理”的乡村“礼治”格局，延续和发展了村落共同体。

改革开放以后，市场经济的快速发展以及大规模行政性的撤并村庄，越来越多的村民离村进城务工，乡村文化逐步荒漠化，村落“空心化”日趋严重，村民对村落共同体的归属感日渐淡化，从而形成了“无主体熟人社会”的乡村“自治”格局。

近年来，随着新农村建设的持续推进，村民物质生活水平不断提高后越来越重视精神文化生活，各级政府也在不断加大农村公共基础设施建设以及公共文化服务投入力度。在政府与社会力量的支持下，由村两委、“新乡贤”组织发动，将破落的宗祠、闲置的校舍和会堂等修缮改建成为村文化礼堂并开展了一系列文化活动，促进了传统乡村文化的传承，丰富了村民的精神生活，从而形成了政府、社会与村民等多元主体共同参与的乡村“共治”格局。

2.多元主体协同参与，重构村落公共空间，传承乡村文化

在快速城市化、工业化进程中，越来越多的村落被“终结”或“解体”。大量的城郊村、城中村、园中村被纳入城市建设规划，村内楼房林立，街道狭窄，大量居民生活在拥挤嘈杂的商业化空间里。村民与外来流动人口的城市社会融入，以及彼此之间的社区融合等问题迫切需要解决。中西部偏远地区的农村，大量劳动力长期进城务工，学龄儿童外出上学，村中只剩下少数留守老人守着日渐破败空旷的老房子，昔日“守望相助”的传统村落变成“人去楼空”的“空心村”。经过多年来行政性的大量撤并行政村，原来以自然村为主体的行政村被重组成更大村域范围的行政村或农村社区，原来的村两委办公地点、村小校舍都被闲置，所有的资源都集中到中心村，由政府出资建成了新办公楼、健身广场等。这种行政性的农村基层治理空间的调整，虽然节约了政府行政性的管理成本，却导致了远离中心村的自然村更难以得到公共资源与公共服务。而随着村落公共空间的消逝以及村落共同体的解体，必然会加剧村民被动化的离村进城，并逐渐淡化和散失对村落共同体的归属感以及精神家园的记忆，乡村文化也

因为失去了村落公共空间和村落共同体的传承载体而日渐荒漠化，最终，原本根植于乡村文化沃土的中华民族的优秀传统文化也可能会成为“失根的文化”。

为了适应新常态发展趋势，我们必须要有充分的文化自觉，清醒地认识到传承和发展悠久丰富的乡村文化是传承中华优秀传统文化以及加强文化软实力建设的前提。因此，在新型城镇化进程中，无论是实行以中心村为核心的新农村建设，还是通过改造城郊村实行新型农村社区建设，都要坚持以农村居民为本。政府相关部门在乡镇规划建设时，既要考虑到让居民“看得见山、望得见水”，更要以“记得住乡愁”和“留得住乡村”为核心，充分考虑到村落公共空间的选址布局及建设形式，营造社区共同体的有形的物质空间和无形的“精神家园”。同时，各级政府及社会各界要从村民的实际需求出发，调动广大村民的积极性、主动性和创造性，以村两委和村级社会组织为主体，既要有效地传承优秀的乡村文化，又要创新和开展形式多样的乡村文化活动，丰富其精神文化生活，培育和形塑其社区归属感和共同体意识。

## 三、传统村落的学校嬗变与乡村价值传承

### （一）问题的提出

从2001年国务院正式实施“因地制宜调整农村义务教育学校布局”，到2012年要求规范农村义务教育学校布局调整，历时12年之久的“撤点并校”工程产生了巨大的政策效应和社会反响。基于农村人口流动与学龄人口减少，在优化教育资源配置、促进教育均衡发展以及减轻地方财政压力等方面的共同推动下，“撤点并校”在全国农村迅速开展。农村学校大规模布局调整产生的积极政策效应在于改善了办学条件，优化了教师队伍

配置，提高了办学效益和办学质量。对农村教育所带来的负面影响主要包括：农村义务教育学校大幅减少，导致部分学生上学路途变远、交通安全隐患增加，学生家庭经济负担加重，并带来农村寄宿制学校不足、一些城镇学校班额过大等问题，从而影响了农村教育的健康发展。一些地方因无序撤并学校削弱了乡村学校所具有的文化中心地位以及“文字下乡”的教化功能。农村教育的城市化使农村教育与农村文化脱离，不能传承农村文化。

综上所述，既有的研究成果较多地关注于农村义务教育学校布局调整的政策背景、实施现状、政策效应及存在问题的调查分析。虽然也有学者提出“撤点并校”不利于乡村文化传承及村落发展，但未能从历史与整体的视角深入分析三者之间的互动关系。那么，近百年来乡村教育从“文字下乡”到“文字上移”究竟对乡村文化传承及村落发展带来了哪些影响？乡村教育的本质何在？在城乡一体化进程中，乡村教育该何去何从？乡村教育发展如何与乡村文化传承及村落可持续发展实现良性互动及协调发展？等等这些问题，值得我们思考。

### (二)月山村与举水学校的历史变迁

#### 1. 月山村的历史变迁

月山村（又名东庄、举溪、举水）位于浙江省庆元县东部，现为举水乡政府所在地，距县城57公里。全村现有438户，人口1728人，耕地2389亩，山林17781亩。村民主要经济收入来源为外出打工收入及农业收入，2012年村民人均收入为7922元。

月山建村于宋景德元年（公元1004年，时称东庄），距今已有一千多年的历史，是庆元县建村最早的古村落之一。月山村自古系闽浙通衢，有古道和福建省的寿宁、福安、政和以及泰顺、平阳等县相通。明清时期因经济发达，曾改为“逄源镇”和“举水市”。月山村是有名的历史文化名村，长期自给自足、精耕细作的农耕生产方式孕育了淳朴的乡风民俗。逢年过节，月山村都要组织迎茶神、打黄粿、舞龙灯等多种民俗活动。尤其是新中国成立以后群众性的文化娱乐活动经久不衰，村民们劳作之余喜欢吹拉弹唱自娱自乐，举办斗牛比赛、诗联赛以及过年时的联欢活动等。1981年由村民自编自导自演并有摄影记录的“月山春晚”，迄今已延续33年。“月山春晚”因其举办时间的持续性、村民参与的广泛性、节目内容的乡土性和草根性，被誉为中国传统草根民间文化的典范，2010年获得文化部颁发的“群星奖”。近年来，央视、《人民日报》、《浙江日报》、浙江卫视等30余家国内知名媒体都竞相报道“月山春晚”。

2000年以后，受月山村香菇种植产业的市场萎缩以及“撤点并校”的影响，年轻人大量外出务工，传统农业生产日渐衰落，“空心村”趋势日益严重。自2011年开始，“月山春晚”的品牌效应开始受到地方政府的重视，2012年月山村被列入浙江省古村落保护名录。在政府主导和项目支持下，该村开始全面规划，重点发展乡村旅游产业。

2. 举水学校的百年发展历史

因月山村在不同时期具有不同的村名，所以该村学校也因此具有不同校名。据该村《吴氏家谱》记载，吴氏祖先历来重视教育，早在360多年前先祖吴懋修就建文昌阁，创办逢源书院供族内幼童读书。现代化的举水学校始于1911年由乡绅吴怀德兴办的逢源镇高级小学，迄今已有103年校史。举水学校百年变迁与发展情况，见表3-2。

表3-2 举水学校百年变迁与发展情况

| 年代 | 校名 | 年级、班级数 | 学生数 | 教师数 |
|---|---|---|---|---|
| 1911—1921年 | 逢源镇高级小学 | 低、中、高3个班 | 100余人 | 4人 |
| 1922—1946年 | 举水区立中心国民学校 | 低、中、高3个班。1934年设女子班，1942年推广国语 | 100余人 | 5人 |

续 表

| 年代 | 校名 | 年级、班级数 | 学生数 | 教师数 |
| --- | --- | --- | --- | --- |
| 1947—1949年 | 举洋乡中心国民学校 | 低、中、高3个班 | 100余人 | 5人 |
| 1950—1963年 | 举水乡中心小学、举水公社学校 | 低、中、高3个班。中、高班招收本村以外学生，1959年秋设农业中学 | 100余人 | 5人 |
| 1964—1981年 | 举水公社学校 | 5个小学年级班，1970年设初中班，1980年3个初中班 | 1964—1969年150余人，1980年300余人 | 14人 |
| 1982—1988年 | 举水乡中心学校 | 小学6个班，初中3个班，一个代培班 | 490余人，其中住校生150余人 | 20人 |
| 1989—1999年 | 举水乡中心学校 | 6个小学年级班 | 250余人 | 15人 |
| 2000—2013年 | 举水乡中心学校 | 2004年7个班级，2012年2个年级班，2013年4个年级班 | 2004年201人，2012年4人，2013年10人 | 2004年24人，2012年5人 |

### (三)“文字下乡”与乡村文化及村落发展的延续

费孝通认为乡土社会是熟人社会，“所以在乡土社会中，不但文字是多余的，连语言都并不是传达情意的唯一象征体系。”“如果中国社会乡土性的基层发生了变化，也只有发生了变化之后，文字才能下乡。” 因此，自19世纪末伴随着“西学东渐”及中国开启现代化进程，“文字下乡”如火如荼，一直延续到20世纪末。在这场历经百年的“文字下乡”中，民间乡绅、乡村组织及地方政府以不同的方式合力推动了乡村学校教育的发展，从而以前所未有的普遍性姿态将学校教育普及到包括村落在内的每一个角落。

#### 1. 月山村的“文字下乡”历程及动因

通过梳理举水学校的百年校史，我们可以发现：自民国初年至20世纪末农村中小学布局调整前的不同历史时期，民间乡绅、乡村组织及地方政府各自以不同的形式参与乡村学校的建设和发展，合力推动了“文字下乡”。

自民国初年创办至新中国成立前，举水学校是由县政府主管及任免校长（首任校长由校董推荐），学校由校董及乡绅负责管理。办学经费主要来源于乡绅和校董捐田、寺庙庵田及各村族田抽出作为学田而收取的租谷，经费不足时由乡绅和校董捐款，从而有效地保障了办学经费的稳定性。对于这种民间乡绅与地方政府合力推动“文字下乡”的动因，杨懋春认为，很多乡村学校开始是纯民间创办的，往往由村中大族为了延续乡绅传统而主动承办新式学堂，后来这些学校被政府承认，转制为公立学校。王铭铭认为，现代式的学校已经与村庙、祠堂等传统公共事业的象征结合为一体。地方干部或组织村庙、祠堂活动的民间带头人，倘若在其职位上无法表现出对于社区公共事业的热心，无法实现“照顾集体面子”的集体愿望，就会失去地方社会的信任。反过来说，这种热心和能力，可以成为地方精英人士自我实现的手段。

新中国成立后农村初等教育纳入国家基础教育体系，由县政府文教部门主管，办学经费也由县财政、公社（乡）统筹解决，导致乡村学校与村落的隶属及管理等关系开始逐渐疏远，学校的事务已经成为“公家”之事，不再是乡村的公共事务了。举水学校也由原来的村小逐渐变成乡中心小学、公社学校和乡中心学校，招生对象是全乡的学龄人口。然而，在月山村民们的心目中，举水学校仍然是村庄的学校，村民们已经习惯每天看着孩子们蹦蹦跳跳地背着书包去学校，学童琅琅的读书声和欢快的嬉闹声回荡在村中，老师家访时与村民的促膝长谈以及走在大街上与村民们热情地寒暄。对于村民们而言，学校已经融入到村庄的日常生活之中，“学校的事情就是村里的大事”，村民们都会倾力而为。因此，1970年代举水公社学校兴建校舍时，公社出资买砖瓦，大队捐建房木料，社员自发无偿出工建校舍。1983年，为了促进学校教育，由村民WSL（按照学术研究规范，对本书中涉及的部分调查对象的真实姓名进行了技术处理）倡导成立了“月山村助学小组”，开展劝捐助学活动，所筹善款主要用于奖励教学成绩显著的师生以及每年考上高中及以上学校的本村优秀学生。助学小组的募捐活动持续三年，共募集善款1822元，助学活动一直延续到1988年。2003年举水乡中心学校兴建校舍时需要40万资金，县教育局出资20万，月山村尽管村集体经济薄弱，仍多方筹资了20万元，并无偿提供建设用地。

2. 合力的“文字下乡”延续了乡村文化及村落发展

通过对举水学校变迁和月山村落发展的比较分析发现，近百年来由乡绅、地方政府、村级组织及村民共同推动的“文字下乡”有力地延续了村落文化，为村落发展提供了持续的动力。

首先，“文字下乡”传承了村落文脉，延续了村落文化。据《吴氏宗谱》记载：吴氏“诸子辈咸彬彬然有儒雅风。且二三书塾时闻读书声。东庄吴氏真能以耕读世其家者矣。……历世人文鹊起，仕宦蝉联，其文德武功彪炳史册者累累。”彼时私塾或社学只有族中的富家子弟才可以就读，教授内容也只是“四书五经”和“诸子百家”等旧学。随着“文字下乡”运动进入乡村，举水学校开始从族内的“精英化”旧式教育发展为面向全乡的大众化新式教育。由于学校教育的普及，月山村民文化素质不断提高，除了沿袭传统的民俗文化活动外，村民们还自发开展春节联欢活动以及书法、诗联赛等现代性文化活动。尤其是自1981年延续至今的“月山春晚”引起了社会各界的广泛关注，被誉为“中国最山寨的春晚”。“月山春晚”也成为传承村落文脉，延续村落文化的主要载体和重要舞台。“月山春晚”的成功主要在于乡村学校的教育。乡村学校教育既提高了村民的现代文化素质，又通过传承乡土文化激发了村民对村落文化的自觉认同。尤其是不同时期学校教育始终扎根于村庄，村民也视学校教育为村内的公共事务，从而形成了“学校即社会”“教育即生活”的良性循环。近百年来，学校及教师在村落文化的传承中始终是发起者、策划者以及导演者。从过去节庆时的民俗活动、过年时的联欢活动到如今的“月山春晚”都是由学校老师与村内文化精英共同策划组织的，并将村里的廊桥文化、“忖忖乌”等民间故事以及农业生产场景等编排成具有浓郁乡土特色的节目，尤其是组织学生参加节目表演，让其切身感受乡土文化的魅力，增强对村落文化的自豪感和认同感。学校作为村内的主要公共活动空间，长期以来都是村落文化活动的主要场地。

其次，“文字下乡”集聚了村落人脉，繁荣了村落经济。村落作为农村居民从事农耕生产和生活的聚居地，长期以来村民聚族而居，繁衍生息，从而形成了独特的村落人脉，维持和推动着村落的经济发展。传统村落的发展与繁荣根植于村落人丁的兴旺、地力的肥沃以及物产的丰硕。由于现代“文字下乡”的普及，学校教育不断发展，尤其是学生通过系统学习国语、算术、音乐、地理、历史、自然、劳作等新式课程，村民文化科技素质不断提高以及劳动技能不断增强，有效地促进了村落经济发展。自明末至今，月山村一直人丁兴旺，村中外出为官经商者众多。由于学校办学规模不断扩大，学校招生对象不再局限于本村学龄儿童，附近乡镇以及福建政和、泰宁的农家子弟也到举水学校上学。1922年，举水学校在校生100余人，1964年为150余人，1970年有300余人，到1988年增至490余人。1990年代举水学校发展比较平稳，在校生维持在250余人。当时全村1800余人，大多在村里从事农业生产，再加上举水学校学生，村内人气很旺，商铺林立，村民安居乐业。因此，政府在不同时期设立“逢源镇”“举水市”或将月山作为公社（乡）政府驻地，足见当时村落经济的繁荣。尤其是在1958—1962年间，一些有闯劲、有技术的村民主动去福建的寿宁、福安、政和帮当地农民种植香菇，既解决了家中口粮不足，又增加了家庭收入。改革开放以后，一些有市场意识的村民开始将本地的木材贩运到山外，1990年代后期，全村开始发展香菇产业。这些外出务工或经商的村民通过与外界世界的接触，更深刻地体会到学校教育的重要性以及给他们带来的实际收益。

村民ZSJ：1986年我开始去绍兴、温州从事木材生意，感觉那儿的教育很差，校长都不会说普通话。而我因为是举水学校初中毕业，不但可以用普通话与别人交流，而且还可以根据学校老师所教的应用文写作知识熟练地起草买卖合同，所以生意做得很顺当。1989年我回村里当村长，干了一届。1993年至2002年自己开餐馆。因为村里经济较好，人很多，学校也是发展最旺盛的时候，所以生意很好，一年可以赚20000元钱。

### （四）“共谋”的“文字上移”与乡村文化的断裂

从1998年教育部提出“合理调整中小学校布局”开始，到2001年实施“因地制宜调整农村义务教育学校布局”，再到2012年国务院要求“进一步规范农村义务教育学校布局调整。”有学者将此轮大规模的农村学校布局调整称之为“文字上移”。以与费孝通所概括的19世纪末期现代化的“文字下乡”运动相对比。

#### 1.“文字上移”潮流中举水学校的由盛及衰

随着庆元县“撤点并校”工作的不断推进，1997年以来举水乡农村学校布局发生很大变化。1997年至2000年，全乡基本上维持十所以上村小以及一所乡中心小学，班级数在25个左右，学生总数在430人以上。但自2001年以来，村小数量、班级数以及学生总数迅速锐减，分别为5所村小、22个班级、403名学生。2005年，举水乡所有村小全部撤销，仅存一所中心小学的8个班级，224名学生。

从表3-3可以看出，在这场“文字上移”的大潮中，即使是作为举水乡基础教育的主要载体——举水乡中心学校也无法避免由盛及衰的命运。自2005年开始，该校无论是班级数、学生数以及教师数都急剧减少，其中，自2009年开始因没有学生，二三年级停办。2012年，全校只有二三年级两个班5名学生，学校也基本上处于半停办状态。2013年，经多方努力，才增加到四个年级班10名学生。

表3-3　举水乡中心学校2005—2013年学生数及班级数量变化

| 年份＼年级 | 一 | 二 | 三 | 四 | 五 | 六 | 学生总数 | 毕业生数 | 教师数 | 班级数 |
|---|---|---|---|---|---|---|---|---|---|---|
| 2005 | 21 | 37 | 38 | 49 | 38 | 41 | 224 | 45 | 27 | 8 |
| 2006 | 17 | 18 | 33 | 32 | 43 | 37 | 180 | 40 | 22 | 6 |
| 2007 | 11 | 17 | 16 | 32 | 32 | 42 | 150 | 37 | 18 | 6 |
| 2008 | 3 | 9 | 15 | 14 | 27 | 34 | 102 | 42 | 17 | 6 |
| 2009 | 10 | 0 | 0 | 13 | 13 | 27 | 63 | 34 | 13 | 4 |
| 2010 | 4 | 9 | 0 | 0 | 13 | 11 | 37 | 27 | 10 | 4 |
| 2011 | 5 | 4 | 6 | 0 | 0 | 12 | 27 | 11 | 9 | 4 |
| 2012 | 0 | 1 | 4 | 0 | 0 | 0 | 5 | 12 | 4 | 2 |
| 2013 | 3 | 2 | 1 | 4 | 0 | 0 | 10 | 0 | 6 | 4 |

### 2.“共谋”的“文字上移”及村民的无奈选择

对于2000年以来农村中小学校布局调整的政策背景及根本原因，有学者认为：不能像时下国家政策文本及教育学、人口学、经济学等学科那样，单纯从人口因素或者“优化教育资源配置、改善办学条件”的角度来解释当前中国乡村教育的基本事实。“文字上移”或“村落学校加速终结”的事实是在人口因素、城乡关系、规模效益以及政策驱动等多重因素的综合影响下发生的，其根本原因应从中国乡村社会发展的整体进程中去探寻。

通过对2000年以来举水学校的变化以及月山村发展的调查发现，与20世纪由民间乡绅、地方政府、村级组织及村民合力推动的“文字下乡”运动相比，始自本世纪初的农村中小学校布局调整则是由社会、政府及村民的共同作用的“文字上移”。其原因主要有两个方面。

一是随着中国计划生育政策的持续实施以及经济社会的快速发展，农村人口出生率不断下降，同时一些年轻父母携年幼的子女进城务工，从而导致农村学龄人口不断减少。因此，地方政府为了促进基础教育均衡发展、优化教育资源配置以及减轻地方财政压力，故大力推行农村中小学校布局调整。

二是农村产业结构调整乏力及村民“再穷不能穷教育”的无奈选择与被动适应。随着市场经济的快速发展，弱质性的传统农业无法适应激烈的市场竞争，从而导致传统农村产业结构调整乏力，农村大量劳动力不断“离土离乡”外出务工。例如，自1980年代后期，月山村利用丰富的山林资源和独特的气候条件发展香菇种植产业，村民收入不断增加。然而，自1990年末开始，由于香菇市场饱和、销售渠道不畅通以及人工成本不断攀升，香菇产业遭受重创，村民再也无法仅凭种植香菇来发家致富。于是，月山村的年轻人开始走出大山进城打工，一些进城经商或务工的经济条件较好的年轻父母也携子女外出读书。尤其是自1998年全乡村级小学开始撤并后，原来村小的学生转到举水中心学校上学。由于地处山区，交通不便，再加上举水中心学校寄宿条件不够，被撤并村小的学生家长（多为母亲）就选择在月山村租房陪读。由于月山香菇产业发展较好，村里商业发达，陪读的家长也可以在村里打工或做一些小生意。然而，自2000年以后，月山香菇产业迅速萎缩，大量村民外出务工，村里商业经济失去活力，陪读的家长与其在月山陪读“坐吃山空”，还不如送子女去县城郊区的学校或城里学校就读，这样陪读的家长就可以边陪读边打工。于是，举水中心学校的学生数量不断下降，尤其是从2005年开始急剧锐减，随之教育经费和师资力量配备不断缩减，导致教师的职业稳定感和成就感下降，从而影响到教学质量。而进城务工年轻村民的价值观念日益现代化，他们更加重视子女的教育，“再苦不能苦孩子，再穷不能穷教育”已经成为他们外出辛苦打工的精神寄托和追求。于是，年轻的家长们不得不让孩子外出读书，使孩子得到优质教育与自己进城打工赚钱兼而得之。而在这场由社会谋发展、政府重效益、村民求实惠的“共谋”的“文字上移”潮流中，农村学校教育由盛及衰及至“终结”。

3."文字上移"加速了乡村文化断裂

对于这场声势浩大的"文字上移"大潮所带来的积极政策效应与消极影响，学界与官方的意见渐趋一致：农村中小学校的布局调整和撤并，改善了办学条件，优化了教师队伍配置，提高了办学效益和办学质量。但由于农村学校的大量撤并，导致部分学生上学路途变远，交通安全隐患增加，学生家庭经济负担加重、低龄学生的亲情缺失与心理社会适应等问题，从而影响了农村教育的健康发展。然而，上述评价是仅就政策设计本身和农村基础教育发展所作出的单线性发展的价值判断，未能充分考虑到因"文字上移"给乡村文化与村落发展所带来的隐性负面效应。

一是"文字上移"加速了村落经济的萎缩及"过疏化"。1998年至2005年举水乡在实行村级小学撤并中，乡中心学校在校生人数大致维持在200人以上，共有班级数6至8个。而自2006年开始，全乡村小完全被撤销后，乡中心学校的在校生数急剧减少，从2006年180人到2009年63人，2012年仅有5人。与此同时，月山村的常住人口从1990年代的1800余人下降到2012年的不足800人。因为香菇产业的萎缩，大量年轻村民不得不弃农离乡外出进城打工，其中年轻的父母大多选择将子女带到打工地的城郊小学、民办学校就学。因此，近年来，月山村昔日熙攘的人流不见踪影，繁忙的商铺关门上锁，肥沃的农田长满了野草，快乐的农家小院"人去楼空"，整个村落迅速走向"过疏化"，呈现出"空心村"的衰败之势。

村民YFQ：2012年8月份，儿子要上小学，考虑到村里学校学生太少，而且教学质量差，所以打算到庆元城里的小学读书，但由于不符合"阳光招生"政策，只好到城郊的大济村小学就读。当时感觉很窝囊，村里小学学生数太少没法读，城里小学又读不到，大济村小学比村里小学教学质量更差。儿子去大济小学上学后，老婆不得不去陪读，每月房租130元，水电费20元，生活费五六百元，一年下来就要大概1万元。而我老婆原来在家里开网店每月要净赚1000多元，所以算下来儿子去外面读书我家要损失

2万多元。去年她俩在大济租房，家里只剩我和老爸，老爸年纪大了还要做饭、洗衣。由于村里大部分年轻人都外出打工了，我开的摩托车修理店也没有多少生意，而原来我一年可以赚2万多元。更主要的是我也挂念他们母子，经常把店关了去看他们，也影响了店里的生意。儿子在大济读书，他也不开心，放学就回租的房子里，没有小朋友玩了，不像在村里到处可以玩，我们家长也放心。老婆也非常寂寞，没有人聊天。现在村里很多的商店都关门了，剩下的几家也没有多少生意。

二是“文字上移”加速了乡土文化的消亡。乡土文化是长期以来农民从事农业生产实践和乡村生活经验的积淀，并通过“子承父业”式的口口相传而世代传承和延续。如前所述，在近百年来的“文字下乡”运动中，虽然社会不断变革，举水学校也几经更迭，但学校教育经久不衰，为当地尤其是月山村培养了许多乡土人才，传承了村落文脉，延续了村落文化，促进了乡土文化的传承以及与现代性文化的对接。而近年来，举水中心学校迅速由盛及衰，年轻的村民外出务工并携带子女外出就学。没有了年轻人和儿童的村落缺少了人气，传统的农耕生活不再延续，“文字上移”加速了乡土文化的消亡。

WKM（小学校长）：庆元是中国著名的“廊桥之乡”。为了继承和弘扬廊桥文化，2007年县委宣传部将举水中心学校作为“廊桥文化遗产传承教学基地”。学校也确立了以弘扬廊桥文化为主题的校园文化建设，设置介绍廊桥文化的宣传栏，组织每年一届的月山旅游“小导游”培训和评比活动；少先队大队部还组织引导学生观察廊桥构造、开展搭廊桥等活动。通过这些特色乡土文化教育，促进了廊桥文化的传承和发扬。但随着在校生人数不断减少，这些常态性的乡土文化教育活动已经无法开展。

WYS（“月山春晚”的组织骨干）：这么多年来，咱们月山的文化活动搞得好与学校有很大的关系。首先，学生在学校上音乐课，老师教各种乐器和唱歌，给村里培养了一代又一代的文艺爱好分子。其次，学校老师也是村里文化活动的组织者，尤其是在“春晚”筹备中帮助编写剧本和组织学生排练节目等，有些年的“春晚”就是在学校里举办的。但是现在不行了，年轻人和小孩子大都外出打工和读书了，只有在过年时才回来，对村里的感情越来越淡了，而且现在学校老师越来越少，学校音乐课主要是教流行歌曲了，年轻老师与村里没有任何联系，对月山文化也不感兴趣。以前一到腊月，全村人都积极筹备“春晚”，现在只有少数几个留在村里的中年骨干在准备，大多数人都是在过年前几天才回到村里，匆匆忙忙地编排节目，所以节目也越来越没有月山的特色了，这样下去，要不了几年，“月山春晚”就没人看了。

### （五）自觉的“文字留村”与村落重生的希望

新世纪以来，中国建制村数量急剧减少，相关统计数据显示，2000年有732000个，2005年629079个，2010年594658个，2012年为588475个，12年间净减少143525个建制村，减幅达24.38%，出现了越来越多的“村落终结”。对于大规模行政化的村庄撤并，村民们大多无奈、被动而平静地适应或“逃离”村庄。而对于撤并农村小学给子女上学和家庭带来的种种问题，村民们（特别是学生家长）反响强烈，采取堵路、上访或谩骂等“回应”方式，但都无法阻止“文字上移”的步伐。

为了应对自2011年举水中心学校在校生数量和教学质量急剧下降以及学校可能被撤销的严峻态势，月山村民开始作出了“回应”，采取集体动员和行动竭力保住学校，以图实现“文字留村”及村落重生。

#### 1. 自觉的“文字留村”与村落的集体行动

首先，村落集体记忆的传承与村民的文化自觉。月山村是一个千年文化古村，为吴氏宗族世代繁衍生息之地，吴氏祖先倡导耕读传家，民风淳朴，民俗风情丰富浓郁，形成了深厚独特的乡村文化，并世代传承沿袭。历经三十多年的“月山春晚”不仅再现了“三让世家”与“耕读传家”的祖训，“如龙与来凤的美好爱情”以及“忖村乌”等民间传说，也以“农装秀”“农活秀”和“四大妈夸月山”等节目呈现出月山村的巨大发展变化。“月山春晚”的连续成功举办，有效地激发了村民们对村落历史文化的集体记忆，一定程度上延续传承了乡村文化。

近年来，随着各级政府在新农村建设中不断重视乡村文化建设，以及城市化、工业化的快速发展愈发彰显乡村价值，以浓郁的乡土性和草根性为特征的“月山春晚”越来越受到政府、媒体和社会的关注。“月山春晚”不仅仅是月山村民的春晚，还成了庆元县乃至丽水市的一张响亮的文化名片。“月山春晚”不再仅仅是过年时村民们的自娱自乐，还要在每年春节之前面对蜂拥而来的众多媒体表演一场“媒体场春晚”。同时，“月山春晚”也不再是只在月山村表演了，还会应各级政府或其他部门邀请外出表演或参加比赛。因为“月山春晚”的品牌效应，相关政府部门的政策项目在不断地进入月山。此时的月山村民明显地意识到“月山春晚”已不仅仅是本村人的文化大餐，还可以满足城里人的“记忆中的乡愁”，更能够为村里的发展带来优惠政策和项目资金等。于是，月山村民更加重视“月山春晚”，开始对月山的乡土文化有了“自知之明”，形成了“文化自觉”。

其次，自觉的“文字留村”与村落的集体行动。尽管因“月山春晚”的出名而激发了村民们对乡土文化的“文化自觉”，但一些村落精英却敏锐地发现此时的“月山春晚”正在遭受严重的“文化危机”。以前，每到年关腊月，月山全村人都沉浸在筹备春晚的欢快紧张的氛围中，男女老少都竞相潜心准备拿手节目。自2005年以来，由于村里大量年轻人外出进城打工，而且一般都要到过年前几天才回家，参加筹备春晚的时间和精力非常少。因此，近年来春晚筹备从节目形式、内容、道具制作等都大不如以前，尤其是节目内容越来越城市化和大众化，脱离了月山的乡土特色。同时，由于村里的孩子们多外出读书，对村里传统文化的了解越来越少；学校老师与学生在春晚中发挥的作用也越来越小。因此，由于村落的“过疏化”导致“月山春晚”失去了最主要的生力军，月山村也失去了昔日的人气和繁华。于是，以村落精英为主体开始“文化自觉”并集体行动以实现“文字留村”。

村落精英的率先自觉与村内的集体动员及行动。面对村落的衰败之势以及“月山春晚”的危机，一些村落精英率先“文化自觉”，清楚地意识到村落的发展与学校的兴衰息息相关。尤其是到了2012年新学期学校只剩二三年级共5名学生时，以ZSJ为代表的村落精英强烈地共同意识到“月山是一个千年文化古村，历来重视教育，不能让学校在我们这一代断掉，没有了学校也就没有月山的发展”。于是，这些村落精英们自觉地组织起来，重新组建“月山村助学领导小组”（以下简称“助学小组”），开始了村内的集体动员和行动，主要开展了以下助学活动。

2012年10月17日：召开“助学小组”成立大会。请来了乡政府分管教育的领导、村两委成员、村民代表和学校校长。“助学小组”成员自发各出资5000元作为活动经费及助学资金。

2012年10月20日：“助学小组”起草了“关于开展掀起新一轮全民办学热潮活动”的告示，并在村里张贴宣传。

2012年10月23日：“助学小组”召开第二次会议。讨论通过开展以下工作：继续做好现有教师工作，使教学质量提高；继续做好在外就读学生家长的工作，使学生顺利返校；准备回校学生的生活补助500元和相关服务落实到位；准备落实增加教师问题。

2012年10月25日：到大济、坑西两校去做村里出去读书学生家长的工作。先后多次前往落岭、丰岭、龙溪等地动员学生来举水中心学校上学。

2013年6月25日：“助学小组”开会通报本学期学校学生取得的好成绩。三年级4名学生的英语成绩在全县55个班级排第4名，数学第5名，科学第20名，语文第19名。起草“崛起中的举水乡小学”告示，向村民宣传学校办学条件和教学质量的提高。

2013年8月31日：助学小组参加了学校开学准备工作，帮助打扫学校卫生。晚上开会落实到位明天报名给每位学生发放一年一人500元的补贴。

2013年9月8日：助学小组会议。ZSJ代表助学小组介绍了学校各方面的情况，提出如何解决缺少的教师及工资问题，并要求老师要抓好学校的各项工作。村主任表态聘请教师工资由村里来解决。

2013年9月10日：助学小组和学校老师一起过教师节（请老师们吃饭）。代课老师的工资问题经过讨论决定，先由助学小组垫付，每月工资1600元。

如上所述，尽管“助学小组”和村两委、村民代表自觉地开始集体行动，但是，“助学小组”清醒地意识到，在农村撤点并校的大趋势下，仅凭“助学小组”及村内的集体行动是无法保住学校的，尤其是他们听说“乡政府领导和学校校长已经开始对仅有的几名在校生及家长动员外出就读”。于是，“助学小组”和村两委经过精心筹划，决定利用“月山春晚”在地方政府和媒体等方面所具有的社会影响，充分利用和整合村落外部资本“借力打力”，打出助学“组合拳”。一方面，由“助学小组”和村两委与乡政府领导沟通，阐明学校教育对“月山春晚”和文化名村建设的重要意义，要求乡政府必须要重视学校教育。在取得乡政府的支持后，“助学小组”又去找县教育局、信访办以及县政府主要领导反映保留举水学校的重要意义。另一方面，因“月山春晚”的社会影响吸引了各大媒体对月山文化及村落发展的关注，尤其是村委会主任WYX与许多媒体记者关系很好。为了引起政府相关部门对举水学校的重视，经过WYX与浙江日报社的沟通，2013年9月1日该报记者来到举水学校专题报道“开学第一课”。9月2日，媒体记者、县乡两级政府领导现场观摩了学校师生的开学典礼。月山村民的自觉集体助学行动深深地感动了媒体记者和领导。9月3日，《浙江日报》刊出专题报道《山村孩子心中的憧憬——走到山外看世界》，介绍了举水中心学校10名在校生的新学期梦想和学校教育遇到的问题，产生了较大的社会反响。

相关情况在ZSJ的“助学日记”中有如下记录：

2013年8月16日：学校马上面临关门，政府工作人员和学校校长对在校的4名学生动员到外校就学。我找到了FM、RS、LM等人一起和乡政府领导对学校的事情进行了一次沟通，要求争取好的老师，动员在外就学的学生回校，处理好学校内部管理和环境。通过我们的努力，得到了乡政府的大力支持。

2013年8月19日：乡政府在村里张贴《举水乡人民政府关于“举水乡校”问题的态度》，明确表示：为了举水的孩子上学便利，只要举水乡校招生不断，乡政府会与上级主管部门协调争取学校保留事宜。

2013年9月1日：今天《浙江日报》记者、县政府及县教育局的领导来学校。下午，我向他们介绍了月山的办学历史、“月山春晚”以及助学小组的工作。记者和县领导深受感动，并表示会支持我们村的教育事业。

2013年9月2日：今天早上我们助学小组和记者、县乡政府领导、全校师生及家长一起参加开学典礼。YJ还发放了每位学生500元奖励款。《浙江日报》记者说，要把我们学校的情况和我们村积极助学的事迹在《浙江日报》头版头条登出。

2013年9月6日：当我看到9月3日的《浙江日报》刊登了我们举水学校的报道，就找到教育局的领导要求把月山村附近的在外出读书的学生动员到我们举水学校上学，我们会给他们更多的服务。

2.“文字留村”何以延续？村落何以重生？

经过村落精英的率先自觉与“助学小组”的集体行动，2013年9月的新学期在校学生数由2012年的2个年级5名学生增加到4个年级10名学生，县教育局也明确表示要把学校继续办下去。但要真正地实现“文字留村”乃至学校的重新振兴，迫切需要解决以下两个关键问题。

第一个关键是：学校教育质量如何提高？如何促进学生全面发展？农村学校的存废除了受制于政府实施的学校布局调整等外部政策因素外，学校教育质量的优劣也至关重要。教师和学生家长都对学生的考生成绩非常重视，但从学校教育的目标来看，学生的身心健康与素质教育也是必不可少的。对于目前举水中心学校只有10名学生（其中一年级3名、二年级2名，三年级1名、四年级4名）的窘境，家长、老师和“助学小组”都非常担忧。家长担心学生人数少，老师不认真教学，教学质量比不上城里学校，将来耽误了孩子考学校。老师则担心学生人数少，没有良好的学习氛围，教学质量难以提高，尤其是这种“一对一”的教育方式使学生脱离了同龄群体的正常交往，不利于学生身心的健康成长以及素质教育的全面发展，而且一些年轻教师感到无法体现自身价值，教学积极性不高。基于此，“助学小组”正积极采取各种措施配合和督促学校确保教学质量的提高。如果教学质量不断提高，则教师积极性就会更高，在校生家长的顾虑就少了，外出的学生也会逐渐回来就读。反之，“文字留村”就很难实现。

第二个关键是：如何吸引家长把孩子留在村里上学？如何增加村民收入？在快速城市化、工业化以及传统农村“空心化”与农业弱质化的新形势下，要成功地实现“文字留村”，除了提高学校教育质量外，还必须将年轻的家长们（尤其是孩子母亲）留在村里，让他们在照顾孩子上学的同时要有活可干、有钱可挣。这就迫切需要有效地调整村落产业结构，促进经济社会发展。对此，月山村两委和“助学小组”，充分利用和整合各级政府的政策与项目支持，正在制定村庄整体发展规划，将学校的重振和以“月山春晚”为载体的乡村文化传承与乡村旅游产业发展等有机结合起来，统筹规划，整体发展。月山村民也正在期待不久的将来，百年乡校会重新振兴，月山村重现昔日辉煌。

### (六)结论与反思

综上所述，通过对举水学校百年变迁与月山村乡村文化传承以及村落发展的追踪研究发现，乡村学校的兴衰与乡村文化传承及村落发展息息相关。在始自 19 世纪晚期至 20 世纪末的“文字下乡”运动中，由地方政府、民间乡绅以及村级组织合力推动了乡村学校教育的发展，有效地传承了乡村文化，延续了村落发展。近年来，为了应对“文字上移”给村落发展带来的负面影响，月山村民正在逐步地“文化自觉”与集体行动，试图延续“文字留村”，谋求村落重振。村民们清醒地意识到，在“文字上移”大潮中，一个村落集体行动的“文字留村”能否实现百年乡校与千年古村的复兴之梦，不仅仅取决于村民的“文化自觉”，受政府的发展理念及政策影响也很大。正如有学者指出：对于农村中小学布局调整工作，其出发点主要是资源、规模、效益等这样的经济学考虑，而非教育功能。这一布局调整政策到处充满了经济增长对儿童教育的漠视，城市对农村的管控，现代对文化的破坏，以及 GDP 崇拜对农村教育的摧残。

至此，我们不得不反思：乡村教育的本质是什么？农村学校布局调整的终极目标何在？在城市化、工业化快速发展中乡村教育和村落是否会被终结？杜威和陶行知曾经提出“教育即生活”“生活即教育”的理念，揭示出教育是个人和人类形成与发展的动力，影响着个人和人类的生活方式。同时，人的生存方式和观念的变化直接引起对教育需要的变化。有学者认为“教育是人的生存方式的表现”，要深刻理解和透析教育所具有的生活价值功能和人的生存样式对于教育本身所具有的意义，在教育体制改革、政策的制定、教育格局的安排、教学内容的设置等过程中，真正明白教育的本质方向所在——教育最终是为了人的生存方式的提高。因此，陶行知认为，乡村教育应该是“建设适合乡村实际生活的活教育”，“乡村学校应当做改造乡村生活的中心”。乡村教育应以乡村的实际生活为指针，以帮助农民过上体面的生活以及促进农村发展为目标。当下农村学校布局调整的终极目标，既要促进城乡基础教育的均衡发展，更要通过教育传承乡村文化，全面提高农村居民综合素质和技能，为农村可持续发展提供文化软实力的支撑。

关于乡村教育和村落是否可能抑或应该被终结的问题，我们可以引用马克思关于生产力决定生产关系的理论来回应，“无论哪一个社会形态，在它所能容纳的全部生产力发挥出来以前，是决不会灭亡的……所以人类始终只提出自己能够解决的任务，因为……任务本身，只有在解决它的物质条件已经存在或者至少是在形成过程中的时候，才会发生。”随着城市化、工业化的快速发展，虽然“城市让生活更美好”，但同时也产生了诸如交通拥挤、环境污染等诸多“城市病”问题。于是，越来越多的城里人发现其实“乡村让城市更向往”，村落的价值愈发彰显出来。有学者认为，村落的存在有其自身的发展规律，只要农业生产特点不发生变化，村落就不会消失。村落作为一个重要的载体，它的存在有利于土地的利用和保护，生物多样性的保育和生态环境的修复，以及传统文化的保存和延续，同时还有利于维持社会的发展与稳定。

党的十八届三中全会指出，要形成以工促农、以城带乡、工农互惠、城乡一体的新型工农城乡关系，让广大农民平等参与现代化进程、共享现代化成果。因此，在新型城乡一体化发展中，我们应该有充分的“文化自觉”，通过“文字留村”有效地传承乡村文化，发挥文化软实力，促进村落可持续发展，让我们“记得住乡愁”，真正实现城乡一体化协调发展。我们可以满怀希望地憧憬孟德拉斯20世纪80年代所描述的法国乡村惊人的复兴以及城乡一体化协调发展的美好愿景：“10年来，一切似乎都改变了：村庄现代化了，人又多起来。……今天的乡下人享有城市生活的一切舒适……乡村的孩子去上学都有客车接送，在小学和中学里，他们和城里的孩子一起上课。……乡村在生活方式上完全城市化了，但乡村和城市之间的差别仍如此之大，以致城市人一有可能就从城市溜走，以便到乡村和小城市里去重新找回乐趣，仿佛只有这一点才赋予生活一种意义。”

## 四、传统村落的教育复兴与乡村价值传承

### （一）乡村教育变迁及产生的问题

在传统乡村社会中，村民在长期生产生活实践中形成了较为完整的乡村教育体系。在传统的大家庭中，长辈秉承家规族训，言传身教，教育子女恪守人伦、耕读传家，而子嗣也谨记家训，恪守践行。在聚族而居的村落共同体中，长期约定俗成的乡规民约教化村民遵规守约、和睦邻里、安贫乐道、重义轻利。在宗族乡绅兴办的私塾或义学中的书生诵读儒学经典，知书达理、修身齐家。民国初期，一批忧国忧民的知识分子发起“乡村教育运动”，从乡村政治、经济、文化、教育等方面教育农民，以整体改进乡村生活和推进乡村建设。例如，晏阳初将家庭、村落共同体以及学校教育紧密结合，采用多重教育形式促进乡村教育发展；费孝通将此阶段的“乡村教育运动”概括为“文字下乡”。新中国成立以后，各级政府更是大力发展农村扫盲教育和基础教育，尤其是乡村学校教育得到巨大发展。而家庭教育带有明显的“革命”与“试误”特征，同时传统由家族或宗族进行的村落教化也开始被现行的行政体制所取代，这一时期整个乡村教育的发展与国家政治大气候息息相关。

改革开放以后，乡村教育开始受现代化、城镇化思想所主导，成为城市教育的翻版、延伸和改造对象，出现了“离土”的趋势。随着农村大量劳动力开始外出进城打工，家庭开始“碎片化”和村落逐渐“空心化”，使得传统农村家庭言传身教的教育功能越来越弱化，村落共同体道德教化价值日渐式微，乡村教育呈现出分崩离析的状态。20世纪90年代后期，政

府开始实行农村教育改革的大规模“撤点并校”运动。“撤点并校”增加了学生交通安全隐患，增加了农村学生辍学率，加重了学生家庭经济负担，还造成城镇学校出现“大班额”化等一系列问题。导致乡村教育逃离于乡村本土文化之外，既不能与城市教育同步相接，又无法与乡村本土社会相容，处于一种“悬浮”的处境，影响了乡村教育的健康发展。

有学者认为，目前教育界存在一种误区，将乡村教育的发展片面狭同于乡村学校教育的发展。一些学者也主要关注于乡村学校教育中的资源配置、教师队伍建设、教育管理体制等制度与政策层面存在的问题。那么，当没有了学校教育的乡村已经成为普遍存在的现实，乡村教育该何去何从？刘铁芳、孙庆忠等指出乡村教育的症结不在教育，而在整个乡村社会的根本改善，尤其是乡村文化的传承。葛新斌、容中逵认为，当下乡村学校已无力传承乡土文化了，乡村教育的复兴要依赖于家庭、学校以及村落共同体三种教育形式的同质同构，才能实现乡村文化的传承。因此，如何通过延续“文字留村”，谋求乡村教育的复兴与村落重振显得尤为重要。

我们认为，乡村教育是以乡村的实际生活为指针，以帮助农民过上体面的生活以及促进乡村的发展为目标，集家庭教育、村落共同体教育和学校教育为一体的教育综合体。通过乡村教育传承乡村文化，全面提高农村居民综合素质和技能，为农村可持续发展提供文化软实力的支撑。

### (二)以乡村教育为载体加强乡村价值传承的迫切性

费孝通认为，文化自觉是指生活在一定文化中的人要对其文化有“自知之明”，明白它的来历，形成过程，所具的特色和它发展的趋向。而文化自觉是建立在文化自信的基础上，即要明晰文化在历史的长期发展中逐步积淀起来的某些核心价值，并得以自我形塑的具有内在规定性的价值内核，从而实现“各美其美，美人之美，美美与共”的大同境界。2014年教育部《完善中华优秀文化教育纲要》和2017年国务院办公厅《关于实施中华优秀传统文化传承发展工程的意见》等都明确指出，在我国深化改革，各种思想文化交流更加频繁的背景下，迫切需要树立高度的文化自觉和文化自信，传承中华优秀传统文化，建设社会主义文化强国。加强中华优秀传统文化教育既要发挥学校主阵地作用，又要加强家庭、社会与学校之间的配合，形成教育合力，而中华优秀传统文化根植于乡村文化，乡村教育是传承乡村文化的主要途径。

随着“美丽乡村”建设不断深入，越来越多的有情怀的知识分子以及新乡贤为“记得住乡愁”开启了“留住乡村”的寻根之旅，为“再造故乡”开展新乡村文化建设实验。然而，乡村文化的传承绝不是送书下乡、送戏下乡这些工程能够承担的，而是需要活生生的文化人和村民一起重塑乡村文化自信。乡村文化是在乡村教育过程中“薪火相传”的，只有与乡村教育建立起内在的生命性关联，通过乡村教育激发村民对乡村文化的自觉认同感，才能真正实现乡村文化的可持续传承。那么，如何才能形成多元主体的文化自觉，促进乡村教育复兴及乡村文化传承，构建有机的乡村复兴体系呢?

### (三)新时期乡村教育复兴与乡村价值传承实践

随着美丽乡村建设的不断推进，越来越多的学者开始关注乡村文化以及乡村价值的传承。朱启臻等认为，留住美丽乡村就要充分挖掘村落农业生产价值、生态价值、村落共同体的生活价值以及文化传承与教化价值。乡村教育根植于乡村文化的土壤之中，乡村教育的复兴必然要依托乡村本土文化资源。同时，乡村教育又是乡村文化传承的载体，乡村文化在乡村教育中传承、延续和发展，因此重申乡村教育的使命，激发村民的文化自觉，着力传承乡村优秀文化，重塑乡村价值不仅是当务之急，更是增强文化认同与情感归属的发展战略途径。

### 1. 以农耕经验丰富的“老农”为乡村教育主体传承农耕文化

中国传统社会有“文官告老还乡，武将解甲归田”一说，这些人返乡后大多重视乡村教育，建立家族私塾或乡村书院，从而使乡村“文风日盛，学子日多”。如今，一些从政府部门或事业单位退休人员再现“告老还乡”潮，积极推动乡村教育以及促进乡村文化复兴。调查还发现，一些乡村具有丰富农耕生产经验的“老农”们也正在自觉地利用自身独特的优势开展农耕文化教育，传承乡土文化，建设美丽乡村。

表3-4　案例村以农耕经验丰富的“老农”为乡村教育主体传承农耕文化

| 主体 | 村庄 | 载体 | 客体(教育活动内容) |
|---|---|---|---|
| 老农 | 妙源村 | 竹编合作社 | 制作笼帚等传统竹编,并融入市场化的设计理念 |
| | 月山村 | 农耕文化博物馆 | 展示竹编制品,供村内青少年以及外来游客观赏 |
| | 蔡宅村 | 竹编展览馆 | 展示传统竹编制品,供村内青少年以及外来游客观赏及体验竹编工艺 |
| | 何斯路村 | 黄酒节 | 邀请专业品酒师对村民自酿的黄酒进行评比并给予相应奖励,带动越来越多的村民参与学习黄酒酿造 |

虽然现在传统农耕生产及其文化传承发展步履维艰，但一些乡村的留守“老农”们却身体力行地执着于传承农耕文化。例如，妙源村大部分老年人如今依然在手工制作笼帚、扫帚等一些传统竹编制品，并通过竹编合作社将竹编制品销售到市场。竹编老艺人吴延古凭借精湛的传统竹编工艺获得了“市级工艺美术大师”荣誉称号，老艺人还将精美的竹编制品放到村里的农耕文化博物馆，供村内青少年以及外来游客观赏。而蔡宅村的竹编老艺人蔡国龙为传承自身的传统竹编技艺，不仅办起了竹编厂，还让儿子学习竹编技艺。为了更好地传承竹编文化，蔡国龙还自费外出参观考察传统竹编产业化发展经验，将村内空闲的古民居改造成小型竹编展览馆，在展览馆内陈设各种传统手工竹编品，邀请村内的竹编老艺人教游客以及村内青少年一些简单的竹编技术，传承竹编技艺文化。近年来，何斯路村

的一些老年人带头挖掘传承本村酿造黄酒的民俗文化，在村两委的支持下，自2008年开始，每年12月份举办“何氏家酿曲酒节”，激发了村民参与黄酒酿造的民俗活动的积极性，有效地吸引了中青年村民重新开始学习酿造黄酒技术，不仅拓宽了村民们的收入来源，而且有效地促进何氏黄酒民俗文化的活态传承。

综上所述，优秀的传统农耕文化是村民们长期农耕生产生活经验的积淀，在现代的乡村生产生活中依然具有独特的文化价值。以农耕经验丰富的“老农”们为乡村教育主体传承功农耕文化，不但使留守在村里的老人再现桑榆“秉烛之明”，获得充实的成就感和幸福感，实现“老有所乐、老有所为”，同时又能够激发村民们的文化自信和文化自觉，从而有效地传承和弘扬农耕文化，留住乡村文化之根。

2.以新乡贤为乡村教育主体传承乡村文化

近年来，随着村庄的“空心化”，乡村文化的荒漠化愈发加重，当初一些离土进城的有知识、有技能、有情怀的贤能人士重新回归“再造故乡”，从而形成了“新乡贤”群体，他们利用自身丰富的社会阅历和广泛的社会资本，立足乡村本土，复兴乡村教育、传承优秀乡村文化，建设美丽乡村。案例村以新乡贤为乡村教育主体的乡村文化传承情况，见表3-5。

**表3-5　案例村以新乡贤为乡村教育主体的乡村文化传承**

| 主体 | 村庄 | 载体 | 客体（教育活动内容） |
| --- | --- | --- | --- |
| 新乡贤 | 月山村 | 月山春晚 | 创作“农活秀”等草根节目，将“月山春晚”表演形式推陈出新。 |
| | 妙源村 | 立春祭 | 根据日常农耕节气编排祭祀礼仪及庆典舞台剧，让青少年参与到祭祀活动中体验农耕文化 |
| | 何斯路村 | 十年百万育才计划 | 传统文化学习、团队生活历练、外出参观交流 |
| | | 何氏宗祠、文化礼堂 | 设立农具陈列室、斯路讲堂等，开展村史村情、感恩孝道、传统礼仪等主题活动 |
| | | 功德银行 | 以户为单位设立功德账号，记录村民日常生活中所做的各种善事 |

乡村文化的继承不是墨守成规，而应该是立足优秀文化基础上的推陈出新，只有不断丰富乡村文化的内涵以及创新传承载体，赋予其新的时代元素才能有效推动乡村文化薪火相传、生生不息。例如，月山村返乡大学生山妞凭借自己广泛的社会资源将原来村民自娱自乐的“联欢晚会”经过媒体的宣传，成为社会各界高度赞誉“中国最山寨的草根春晚”，并带领村民改编创作“农活秀”等节目将月山春晚的“乡土性”和“草根性”展现得淋漓尽致。随着“月山春晚”的社会知名度和认同度不断提升，月山村民开始重新认识到乡村文化的独特魅力，并逐渐形成了对乡村文化传承的文化自觉与文化自信。

传统节日凝聚了长期以来村民们农耕生产生活的精神信仰和寄托，它既是农耕文化的集中体现，又是农耕文化传承的重要载体。2016年中国“二十四节气”正式列入联合国教科文组织人类非物质文化遗产代表作名录，而妙源村则是作为该名录中“九华立春祭”的发源地。为了传承“二十四节气”农耕文化，妙源村两委积极筹办“九华立春祭”活动。该村返乡创业青年吴海根为此投入大量时间和精力，通过查阅大量文献，并结合本地农耕节气传统，组织开展“立春祭”祭祀活动，积极引导村民根据日常生活编排快板节目，本色出演立春农耕舞台剧。同时，为了加强对青少年农耕传统文化的熏陶教育，积极发动他们参与到“立春祭”祭祀活动中，并借助“微信”“微博”等现代传媒手段广泛传播农耕节气文化。

随着大量村庄的“空心化”和村民家庭的“碎片化”，传统乡村中家庭的人伦教育和村庄共同体的德化教育功能因其教育载体的消失而日趋丧失。为了使优秀的乡村文化能够薪火相传，何斯路村新乡贤何允辉回村伊始，就与村两委共同策划推出了以“十年百万育才计划”、何氏宗祠和文化礼堂作为开展乡村教育的新型载体，加强对村内未成年人的传统文化教育。在文化礼堂里设立农具陈列室、斯路讲堂等，让未成年人切身体验农耕文化，了解村史村情以及新农村建设发展成就等，增强他们对家乡的认同感和归属感。在“十年百万育才计划”的假期夏令营活动中，组织开展以感恩孝道为主题的传统礼仪、故事会、讲座、演讲比赛等活动，以此引导未成年人知孝理、讲孝德、践孝行。同时，为了重塑“守望相助”村落共同体的道德教化价值，村两委积极倡导，在退休老教师何樟根、何文奇等新乡贤的大力支持下，创办了“功德银行”，以户为单位设立功德账号，记录村民在日常生活中所做的各种善事。“功德银行”的创立使何斯路村重现和睦邻里、淳朴敦厚的乡风民俗以及互帮互助的共同体意识，有效地承继了乡村积善行德的“敦风厉俗”，形成了文明、互助、礼让、共享的乡村新风尚。

综上所述，新乡贤立足于独特的乡村本土资源，利用自身的社会资本，既可以依托传统乡村教育载体，复兴乡村教育传承乡村优秀传统文化，又可以积极兼容并蓄地采用新式教育手段，创新乡村优秀文化。通过充分发挥村民的主体性和参与性，激活村民的文化自觉和文化自信，为复兴乡村教育与重建乡村文化价值奠定了文化软实力基础。

### 3. 以文化农民自组织为乡村教育主体自觉传承乡村文化

随着新型城镇化建设不断推进，越来越多的村民从村落共同体中“游离”出来，乡村社会日趋原子化和碎片化，同时各级政府对于农村的“资源嵌入”不断加强，因此必须要寻找合适的承接载体，并以村民为主体重建“村落共同体”。调查发现，以文化农民为主体形成的各类自组织正在成为乡村教育主体，自觉传承乡村文化，复兴乡村教育，见表3-6。

表3-6　案例村以文化农民自组织为乡村教育主体自觉传承乡村文化

| 主体 | 村庄 | 载体 | 客体（教育活动内容） |
|---|---|---|---|
| 文化农民自组织 | 月山村 | 助学小组 | 开展助学活动，支持办学，激励村民重视子女教育 |
| | 妙源村 | 文化志者组织 | 负责文化策划、组织“立春祭”活动，恢复传统“舞龙文化”，开设绘画、制作豆腐、竹编等传统文化技艺课程 |
| | 何斯路村 | 老年电大 | 开展传统文化及养生保健课程，组建太极拳队、秧歌舞队，举行祭祖仪式、尊老敬老仪式等仪式 |

续 表

| 主体 | 村庄 | 载体 | 客体（教育活动内容） |
| --- | --- | --- | --- |
| 文化农民自组织 | 蔡宅村 | 老年协会 | 保护古民居，开办老年活动室，继承和弘扬高跷非遗文化，恢复古宫灯、整修古墓、编村史、续宗谱等 |

月山村历来有耕读传家、尊师重教的习俗。明清时期村里的乡绅捐助学田、庙田兴办私塾教化族内子弟。20世纪80年代初，在村民吴绍利的发动下成立了“助学小组”，开展劝捐助学活动，激励村民重视子女教育。2000年后，坐落在月山村的乡中心小学学生数日益减少，办学举步维艰。在依托“月山春晚”传承乡村文化的过程中，许多村民逐渐产生了文化自觉，意识到乡村学校与村落发展息息相关。在村民吴发明、郑书进等人的发动下重新组建助学小组，带头出资5000元作为活动经费和助学资金，动员家长让学生回村就读，激励学校老师提高教学质量。助学小组多次与乡政府和县教育局领导沟通，争取相关政府部门支持学校办学。经过几年的多方努力，终于保住了学校，延续了千年古村的乡村教育，有效地传承了悠久丰富的乡村文化。

2016年底中国“二十四节气”被列为联合国教科文组织人类非物质文化遗产代表作名录后，妙源村村民开始自觉重视以“九华立春祭”为核心的农耕文化传承。村党支部书记、“九华立春祭”非物质文化传承人龚元龙以及返乡创业青年吴海根等村民发起成立了文化志愿者组织，不仅负责组织每年的立春祭活动，还重新恢复了传统“舞龙文化”。寒暑假期间，文化志愿者组织开展“留守儿童俱乐部”“暑假来吧”等活动，依据村内的特色自然资源和人文资源，开设绘画、制作豆腐、竹编等传统文化技艺课程，既丰富了村里少年儿童的假期生活，又有效地开展了富有特色的乡村文化教育。

随着乡村“空心化”和家庭“碎片化”现象的日益加剧，留守老人们的精神文化生活需求也越加强烈。何斯路村两委早在2008年就积极支持退休教师何樟根、何洪畴等利用闲置的村小创办了老年电大，以此平台为全村老年人开展书法、国画、诗词等传统文化以及养生保健课程，并组建了老年人太极拳队和妇女秧歌舞队。通过在老年电大学习，老人们不但提高了自身综合素养，也丰富了精神文化生活。同时，老年电大还积极参与文化礼堂建设，举行祭祖仪式、尊老敬老仪式、新生儿入谱仪式以及成人礼等仪式，在夏令营活动中为村里的中小学生开设道德经、弟子规等课程。通过持续地开展这些传统文化活动，熏陶和引领村民们尚德、明理、懂孝，增强村民们的集体共同体意识，重聚民心、重塑乡魂，从而为“美丽乡村”建设塑造了内在的精神动力。

古民居被誉为乡村历史文化“活化石”。蔡宅村作为传统村落，保留着大量的明清时期古建筑。为了保护古民居、抢修明清古建筑，该村1987年就成立了老年协会。首先，老年协会在完好的古建厅堂内设立老年活动中心，供村内老年人打牌、弈棋、闲谈。其次，为继承和弘扬村内的高跷艺术，老年协会利用闲置的古建筑设立了“蔡宅高跷展馆”，组织发动老艺人培训年轻村民参与高跷技艺传承活动。与此同时，老年协会还与蔡宅小学沟通合作，开展“非遗文化进校园”活动，促使村内非物质文化遗产“踩高跷”与传统竹编手工艺走进学校，将乡土技艺文化传承与学校乡土教育有机融合，有效地促进了乡村教育复兴以及乡村文化的薪火相传。此外，老年协会在恢复古宫灯、整修古墓、编村史续宗谱等方面也发挥着重要作用。

### (三)结论与反思

#### 1. 乡村教育是乡村文化传承的重要载体，传承乡村文化当务之急是要复兴乡村教育

近年来，在全面推进新发展观念以及加强文化软实力的过程中，政府及社会各界开始清醒地意识到要通过加强中华优秀传统文化的教育，传承

中华优秀传统文化。中华优秀传统文化根植于悠久丰富的乡村文化沃土之中，乡村教育是乡村文化传承的重要载体，乡村教育为乡村所孕育，又引领着乡村文化和乡村可持续发展。当下中国乡村文化的“荒漠化”是快速的城市化和工业化发展中乡村教育的“离土化”和“断根化”的产物。现代的乡村教育主要是以正规的学校教育为载体，虽然“身”在乡村，但愈来愈“离土化”和“去乡村化”，从而导致乡村文化传承面临困境。因此，传承乡村文化首要是复兴乡村教育，发挥乡村学校主阵地作用，恢复村民的家庭教育、村落共同体的德化教育及其与乡村学校教育之间的有机结合，形成乡村教育合力，提高村民的综合素质，激发其对乡村文化的自觉与自信，从而实现乡村优秀文化传承及建设美丽乡村。

陶行知曾经说过“生活即教育”。乡村教育应该以乡村的实际生活为指针，以帮助农民过上体面的生活以及促进乡村发展为目标。只有融入乡村生产生活，建设适合乡村实际生活的教育才能真正体现乡村教育的本质，脱离乡土的乡村教育是没有灵魂的。在新时期文化自觉的背景下，乡村教育应该深深扎根于乡村沃土，融入更多的乡土情怀，积极引导村民重建邻里的守望相助以及敦风厉俗的乡情民俗，进而形成对于乡村文化的自尊、自觉与自信，才能使乡村教育复兴拥有不竭的动力和灵魂。

2. 乡村教育复兴与乡村价值传承路径反思

首先，立足和整合乡村本土资源，推陈出新地复兴乡村教育，重新激活乡村内源式发展活力，促进乡村价值活态传承和乡村可持续发展。

研究发现，案例村的乡村教育复兴以及乡村文化传承都立足于整合乡村本土资源，并积极运用现代教育手段和载体，推陈出新地复兴乡村教育和传承乡村文化。例如，何斯路村新乡贤立足乡土熟人社会积德行善的传统文化创办“功德银行”，并借鉴银行账户的信用形式重现村落的“守望相助”，从而激活了村落共同体的教化价值，有效地传承了乡村优秀传统文化。蔡宅村老年协会则是充分利用村内小学为教育载体，成功地将乡土特色的高跷非遗文化和传统竹编文化与学校的乡土教育有机融合，实现了乡村传统文化的“薪火相传”。案例村通过深入挖掘并以全新的形式充分整合利用乡村本土资源复兴乡村教育，激活了乡村内源式发展活力，有效地促进了乡村文化的活态传承与可持续发展。

其次，根植乡村本土教育资源，有机融合家庭教育、村落共同体教育和学校教育，创新乡村教育载体，传承乡村优秀文化。

受“读书无用论”等消极思想的影响，我国农村社会在转型期逐渐丢弃了“耕读传家”的优良传统。加之农村社会变迁中学校教育的日益制度化与神圣化，家庭教育和村落共同体教育逐渐弱化。因此，重振乡村教育的关键不能只单纯依赖乡村学校教育，还需要家庭教育和村落共同体教育重新发挥其功能。例如，何斯路村以“老年电大”为载体，充分发挥老年人对乡村文化传承和道德教化的功能，重现“耕读传家”的文明乡风以及重塑村民们的文化自觉和文化自信。月山村新乡贤借助“月山春晚”和“助学小组”为平台，充分挖掘整合本土特色教育资源，有效地促进了“文字留村”，实现乡村文化传承。因此，乡村教育复兴不能拘泥于学校教育，而要因地制宜地将学校教育与家庭教育以及村落共同体教育这三种教育载体有机结合，才能真正实现乡村教育的复兴以及乡村文化传承。

最后，充分激发以村民为主体的文化自觉，多元主体协同参与，复兴乡村教育及传承优秀乡村文化。

乡村教育的根本目标是全面提高农村居民综合素质和技能，传承优秀乡村文化，从而为乡村的可持续发展提供文化软实力的支撑。乡村教育之根在于乡村，因此乡村教育复兴必须以村民为主体，积极组织发动农耕经验丰富的老农、新乡贤以及文化农民等多元主体协同参与乡村教育的复兴活动，自觉地传承优秀乡村文化。乡村丰富多彩的本土特色资源是乡村教育生存和发展的土壤和根基，只有根植于乡村社会生活，才能真正地复兴乡村教育，有效传承乡村优秀文化。通过案例分析可以看出，复兴乡村教育只有多元主体协同参与，根植乡村社会生活，才能重新焕发言传身教的家庭教养价值、村落共同体的道德教化价值，并将其与系统规范的学校教育价值有机融合协同发展，形成独具特色的多元化乡村教育复兴与乡村文化传承体系，最终实现“美丽乡村”建设及乡村可持续发展。

## 五、传统村落的集体记忆建构与乡村价值传承

### （一）问题的提出

中国是一个传统的农业大国，数千年丰富多彩的农耕文明孕育了中华民族博大精深的优秀传统文化。乡村是人们开展农耕生产和生活的基本单元，因此千千万万个乡村是中国传统文化的根基，是传承传统文化的重要载体。近年来，快速的工业化、城镇化导致乡村社会急剧变迁和转型，大量村落也在撤并村的过程中逐渐消失，有数据显示2000—2014年中国村委会和村民小组数量分别减少了14.7万和83万个，其中传统村落衰落消失的现象日益加剧。传统农业被大规模的工业化和现代农业所替代，农村经济发展边缘化导致乡村文化边缘化。大量农村中小学撤并加速了农村孩子进城上学，大量中青年农民进城务工，乡村文化传承失去了最中坚的骨干力量和最新鲜的血液，“空心化”的村庄剩下的只是留守老人的“寂寞夕阳”、留守妇女的“阡陌独舞”和留守儿童的“别样童年”。在快速的城市化和工业化进程中，乡村文化逐渐呈现出“荒漠化”之势。传统村落是衍生和传承乡村文化的重要载体，村落的“空心化”和乡村文化的“荒漠化”使得原本依托村落而世代传承的悠久的乡村文化正面临着断裂和“失根”之痛。

随着城市化、工业化的快速发展，被“城市病”所困扰的城市居民愈发期望“看得见山、望得见水、记得住乡愁”，政府及社会各界越来越重

视乡村价值的传承保护。乡愁是什么、如何系住乡愁、如何有效传承乡村文化成为社会广泛关注的热点。有学者开始注重将文化自觉理论用于乡村文化的分析，如刘鸿、梁红泉认为提高农民的文化自觉有助于推进农村新文化建设；秦红增等认为农民的文化自觉是推进乡村旅游发展的重要条件。同时，也有学者从发挥村落精英的力量，发挥村民文化建设的自主性，利用国家和政府的引导与强制性作用，利用乡村教育的引导作用，发展乡村旅游等方面开展乡村文化传承路径的研究。

近年来，政府及社会各界逐步加强对乡村文化的传承与保护。一些地处偏远山区的传统村落因自然之阻隔而较少遭受工业化和城市化的侵袭，其悠久的乡村文化得以较好地保存，成了乡村文化传承的活态博物馆。这里我们从文化自觉的理论视域出发，基于对月山村文化传承载体——月山春晚的历史演变梳理，深入分析不同时期多元主体对传统村落文化传承发展的影响，探索传统村落的文化传承路径。

### (二)一个传统村落的集体记忆与文化载体——月山春晚

基于前期的研究基础，我们选取了月山村为研究样本。该村位于浙江省庆元县举水乡，历史悠久，千百年来都以农耕生产为主，并延续至今。月山村民自古崇文尚礼，诗书传家，亦耕亦读之风极为浓郁，文化底蕴深厚，既有独具特色的举溪八景、二里十桥等自然人文景观，也有迎神节、香期盛会、月山春晚等特色民俗活动。近年来，月山村先后荣获“浙江省文化建设示范点”“省级文化示范村”“丽水文化名村”“丽水市级文明村”“中国最美休闲乡村”等荣誉称号。月山村民自古以来就喜好文艺活动，农闲时节，村民们三五成群，拉着二胡，吹着牧笛，哼着小调，一旁闲听的村民也时不时打着节拍应和着，不亦乐乎。逢年过节，村民们总是喜欢团聚在一起，或是在村口的大树下，或是在村民门前的空地上，或是在闲置的大会堂里，吹拉弹唱，欢庆佳节。新中国成立以后，月山村原本只是自娱自乐的文艺娱乐活动逐渐演变为有组织的春节联欢晚会。虽然受到政治、经济等多种因素的影响，月山村春节期间文化活动起落不定，但却经久不衰，焕发出勃勃生机。下面我们将新中国成立后至今月山村春节期间举行的文艺娱乐活动统称为月山春晚（表3-7），这是月山村最具代表性的文化承载形式，被媒体誉为中国最草根春晚和中国式过年之文化样本。

表3-7 月山春晚的发展历程

| 发展阶段 | 具体形式 | 时间 | 组织者 | 活动内容 | 演出场地 |
|---|---|---|---|---|---|
| 萌芽阶段 | 举水业余戏团 | 1949—1954 | 村内文艺骨干 | 传统戏剧 | 马氏行宫戏台 |
| | 月山俱乐部 | 1955—1966 | 学校老师 | 戏曲表演 | 大会堂 |
| | 文宣队 | 1967—1977 | 学校老师 | 样板戏 | 大会堂等 |
| | 家庭联欢会 | 1979—1980 | 村民 | 笑话、故事 | 老房子的厅堂 |
| 正式形成阶段 | 月山春晚 | 1981年至20世纪80年代末 | 学校老师、部分政府人员 | 演唱、舞蹈、乐器表演 | 大会堂或村小操场 |
| 萧条阶段 | 月山春晚 | 20世纪80年代末至20世纪90年代末 | 学校老师、早期月山芽儿 | — | — |
| 重兴阶段 | 月山春晚 | 2000—2012 | 月山芽儿 | 舞蹈、小品、舞台剧、音乐剧等创新性文化节目 | 大会堂（除1999年在举水小学操场外） |
| | | 2013—2014 | 乡政府 | | |
| | | 2015年至今 | 文艺骨干、乡政府文艺指导员 | | |

1. 乡村集体记忆的载体

哈布瓦赫认为，集体记忆是一个特定社会群体之成员共享往事的过程和结果，保证集体记忆传承的条件是社会交往及群体意识需要提取该记忆的延续性。集体记忆是由群体或现代社会所共享、传承和建构的，可以维持群体的稳定和完整。由于集体记忆承载着共同体最重要的一些文化和政治资源——大事件、仪式、符号、意义、德性、智性等，因此唤醒旧的、形塑新的集体记忆便成为再造社会团结、重建共同体生活的基本方案之一。月山村民在长期的农耕生产生活中孕育了悠久丰富的月山文化，并融汇于世代村民的集体记忆之中。虽然月山村历经不同时期的变迁与转型，村落文化载体屡遭建设性破坏，但依托月山春晚这一绵延至今的文化载体，月山村丰富的乡村文化特色得以有效地传承和发展，其犹如月山村悠久历史发展长河中的一条金色的丝带，将不同时期村庄发展中的重大事件、乡村文化等贯串起来，完整地呈现一个千年古村的集体记忆。村民们在自编自导自演的过程中，不断回忆与建构乡村文化，并通过各种创新性的节目重构和强化乡村文化，倡导传承和睦、孝道、节俭等优秀的传统乡村价值观，促使月山村民在城市化进程中不但没有对乡村文化“失忆”，而且在文化自觉中有效地传承了乡村文化。

2. 中国式过年之文化样本

千百年来浓郁、厚重的乡村文化的熏陶，使月山村民喜好通过文艺活动来记忆、演绎其丰富多彩的农耕生产生活。以日常生活故事和地方文化元素为节目素材，以日常用品和传统乐器为设备，以村中小学的操场或村中大会堂等为活动场地，以普通村民为核心演员，在村小老师等文艺骨干自发组织、自编自演、自娱自乐中孕育了月山春晚。月山春晚这种由村民自编自导自演的形式激发了广大村民们的文化自觉意识，不但丰富了村民们的精神文化生活，而且有效地促进了乡村文化的传承，形成了良好的社会效益，从而被各级政府广泛推广，周边各村纷纷效仿。2005年2月4日，《钱江晚报》整版刊发《中国式过年之文化样本——月山村春晚》文章，让有着浓浓乡土气息的月山春晚受到了社会各界的强烈关注，该文于2007年入选浙江文艺出版社版《高中语文读本》。2010年，月山春晚获得了由文化部颁发的“群星奖”。近年来，央视新闻联播、人民网、新浪网、《人民日报》、《浙江日报》、浙江卫视等30余家国内知名媒体都报道了月山春晚。在多方力量的共同努力下，月山春晚开始走出大山，参加省市各级演出及比赛，走进了更多人的视野，并渐渐成为月山村的标志性文化符号，形成了独特的月山文化品牌效应。凭借村民的广泛参与以及浓厚的乡土气息特色，月山春晚更是被誉为中国传统乡村春节文化的典范。据浙江省文化厅统计，2015年春节期间，浙江省丽水市已有587个乡村开展了原汁原味的乡村春晚，举办数量达772台。此外，温州、金华等多地农村也纷纷举办有“我们的村晚”等活动。

### （三）传统村落的文化传承历程及路径——以月山春晚为例

费孝通指出文化自觉是生活在一定文化中的人对其文化有“自知之明”，明白它的来历、形成过程、所具有的特色及其发展趋势，不带任何“文化回归”的意思。“文化”作为文化自觉的客体包罗万象，它既包含主体自身所处的文化，也包含与之相关或可能相关的其他文化；既包括物质文化，也包括精神文化。文化自觉的主体是指创造和传承文化的具体主体及其自觉意识。传统村落文化的形成离不开国家制度和政策的推动以及村民的生产生活等各种社会因素的影响。因此，乡村文化传承的主体应该包括国家、社会及村民等多元主体的共同参与和文化自觉。文化自觉过程是指文化主体在文化自发中产生文化觉醒，并逐渐产生文化认同和文化自信。因此，文化自觉就是指在文化自发的基础上，多元文化主体对自身所处文化及相关文化的觉醒、认同、自信、反思和创新。下面我们从文化自觉视域出发，通过梳理月山春晚的形成与发展过程，分析多元文化主体如何依托文化载体实现传统村落文化的活态传承。

#### 1. 主体单一、载体异化导致乡村文化发展遭遇困境

月山村民喜好文化娱乐活动，丰富多彩的文化活动，形成了浓郁的独具特色的乡村文化。新中国成立后，在政府的引导和支持下，村内文艺骨干自发组建举水业余戏团，专门负责村内日常文化娱乐活动的组织，后因国家倡导而改成月山俱乐部。农村俱乐部既是农民自己开展各种文化活动的综合性组织，也是党和政府对农民进行社会主义思想教育的重要基地。

“文革”时期，样板戏成为乡村文化活动的主流形式，乡村文化发展呈现出被动性、单一性和政治性特点。

十一届三中全会后，全国展开了思想解放运动，月山村民们又开始了自发组织文化娱乐活动。1979年春节，村民WX和WXL聚集亲朋好友于家中厅堂开展家庭联欢活动，吹拉弹唱，不亦乐乎，这种娱乐形式受到左邻右舍的一致欢迎和肯定。于是，1981年村民们又自发组织将家庭联欢活动发展成全村的春节联欢晚会，将演出地点从家中的厅堂搬至村中的大会堂，由文化骨干提前张贴节目征集通知，发动村民广泛参与。从此，月山村的文化娱乐活动便打破原来由政府主导的单一刻板化模式，逐渐演变为村民主导的形式多样的联欢晚会形式。月山春晚的举办标志着村民们获得了文化活动的自主权，体现了月山村民文化自主意识的觉醒。但此时的月山春晚仅属于村民们的自娱自乐，内容仍然以传统节目为主，因为没有政府的积极引导和大力支持，月山春晚的作用仅限于过年时丰富村民的精神文化生活，没有融入丰富的乡村文化，尚处于藏在深闺无人识的状态。

2. 月山芽儿的文化觉醒激发了乡村文化的重生

改革开放以后，家庭联产承包责任制的实行使得农户家庭成为乡村生产生活的最基本单位。这一时期，月山乡村文化建设与传承面临崩溃之势，市场经济的快速发展打破了月山村原本紧密的血缘关系和宗族关系，村民纷纷外出务工，村内人数骤减；同时，该村主要产业——香菇市场的繁荣，使村民非常重视家庭经济的发展而无闲暇时间和精力参与文化娱乐活动。20世纪90年代，村内从事香菇种植的村民高达95%，村内文化活动的主要场所——大会堂也被改为香菇生产厂房，音响等设备遭到破坏。同时，电视作为一种新型大众传媒进入乡村，严重冲击了乡村的传统娱乐方式，也导致了月山春晚面临停办危机。此时，以大学生为核心的早期月山芽儿的文化觉醒使得月山春晚又重新焕发生机。

月山村自古重视教育，人才辈出，20世纪80年代村里就已有多位大学生。大学生们接受了高等教育的熏陶，产生了对于乡村文化的独特魅力与价值的文化觉醒。每逢节假日回到村里，大学生们积极参加村里的各种文化活动，尤其是每年月山春晚的筹备策划与组织工作。在参与乡村文化活动的过程中，这些大学生们进一步受到乡村文化的熏陶，增强了乡村归属感，同时也逐渐意识到月山春晚对于传承村落的集体记忆与文化的主要意义。于是，自1988年起，大学生们在WKJ的带领下主动组织起“月山芽儿”的自组织团队，承担起月山春晚的组织筹备工作，并四处动员村民参演，不断丰富着节目内容。为了鼓励大家参与，WKJ还组织其他大学生一起捐款，为演员购买纪念品，此举深深感动了村民，在一定程度上激发了村民的积极性，从而保证了月山春晚的持续举办。

20世纪80年代末，虽然从月山村走出去的大学生们开始意识到月山春晚的意义，但这一时期月山芽儿的文化觉醒只是维持了月山春晚的持续举办，未能激发其他村民和当地政府等更多群体的文化觉醒，以及对月山春晚这一乡村文化载体的组织形式与内容的推陈出新。但可喜的是，从此“月山芽儿”成为组织月山春晚的核心力量，也为近年来新乡贤在月山春晚中进一步发挥文化自觉的作用奠定了坚实的基础。

3.多元主体对传统村落文化的认同与自信

通过梳理近十年中央的相关文件，我们发现，国家和政府高度重视乡村文化的保护发展，在实践中不断反思和创新乡村文化建设的指导理念，具体可归纳为两方面：一方面，乡村文化建设主体多元化。由最初政府一元主体重视乡村文化建设，发展到鼓励政府、社会及村民多元主体开展乡村文化建设；另一方面，乡村文化建设内容多样化和建设程度深入化。由最初的农村文化事业建设的宏观部署，逐步深入到开展农村文化娱乐活动、发展乡村旅游、保护传统村落及其文化传承等方面。同时，社会各界也在呼吁要加强对于传统村落的文化传承保护的文化自觉，如冯骥才、朱启臻、温铁军等学者持续开展关于乡村价值和传统村落保护等方面的系统研究。大众传媒持续关注“乡愁”，激发人们的乡愁情怀，呼吁保护和传承乡村文化。在国家和社会对乡村文化产生文化自觉的大环境下，月山村民开始意识到其乡村文化的独特魅力和价值，并以一种对本村文化的认同与自信而重新重视起延续多年的月山春晚。

其次，新乡贤引导下的普通村民对传统村落文化的认同与自信。王先明将新乡贤定义为有奉献精神的现代精英，他们源于乡土并在积累了一定的知识、财富、能力和社会资源后又回归乡村并参与乡村建设，他们既是乡村社会、文化建设的主导力量，也是发育和培养乡村社会发展内驱力的根本所在。因此，拥有丰富资源的新乡贤能够先于普通村民对自身所处的文化产生自觉意识，并借助自身的话语权威引导普通村民对自身所处的文化产生认同和自信，是传承村落文化的重要力量。

据《吴氏家谱》记载，月山村具有悠久、浓厚的乡贤文化，在变迁发展中曾经出现过多位热衷于乡村文化传承的乡绅，如吴懋修、吴怀德、练荣瑶等，其中练荣瑶是月山春晚萌芽时期的重要组织者。进入21世纪以来，一些新乡贤脱颖而出，他们继承了先辈的乡贤文化，将传承月山文化作为自己人生目标之一，其中最具代表性的要数WYX。WYX成长于月山，后外出进城学习、工作，并积累了丰富的人生阅历和社会资源。2000年WYX开始与“月山芽儿”们共同参与月山春晚组织工作，并逐渐发现月山春晚不仅是一个村民自娱自乐的舞台，更汇聚了月山方方面面的文化，蕴藏着巨大的文化价值。为了充分发挥月山春晚的文化价值，WYX发起成立了一个由月山年轻人组成的志愿者团队月山芽儿，专门负责月山春晚的组织与创新。WYX带领芽儿们深入挖掘月山文化，编排出《农活秀》等经典节目，并利用自身资源准备道具和服装，为月山春晚拉赞助，以保证月山春晚质量，同时广泛邀请各界朋友关注月山春晚。2005年《钱江晚报》刊登专稿《中国式过年之文化样本——月山村春晚》后，月山春晚一炮走红。大量关于月山春晚的新闻报道，以及慕名而来的游客逐年增多，成为社会层面对月山文化最有力的认同。省、市、县、乡各级政府也随之高度关注月山村和月山春晚的发展，不仅积极宣传月山春晚，还授予各类荣誉称号，并提供资金和技术支持。

月山春晚的文化品质不断提升，激发了村民从日常生产生活实践和乡村集体记忆中挖掘与月山文化相关的信息和材料，鼓励村民们紧密结合自身生产生活的经历和月山文化特色大胆创作创新，将村民田间地头的生产和日常生活等场景展现在月山春晚的舞台上。记忆不是孤立地回顾事件，而是要形成有意义的叙述系列。月山芽儿将村民们所建构的丰富的集体记忆素材经过精心编排加工，发动村民走上舞台，并以大家喜闻乐见的表演形式呈现月山的过去、现在和未来，不断地重构和强化了村民们的集体记忆。此外，众多媒体对月山春晚及月山文化的宣传，也吸引了国家和社会的广泛关注，并获得了一定的项目资金和政策支持。肖滨认为“认同”包含等同、归属和赞同三层含义，国家和社会对月山春晚的支持和赞同促使村民和乡村获得广大群体的重新认识和尊重，月山村的社会知名度和社会认同度不断提升，有效促进了月山村民对于本村文化的自豪、认同和自信，增强了村民对于乡村文化的归属感和自豪感。

4. 多元主体协同参与促使传统村落文化推陈出新

在对乡村文化高度认同的基础上，国家、社会以及村民都期望能通过有效的文化载体将优秀的乡村文化传承下去。文化传承的本质在于文化的再生产，是一种自我完善的过程。因此，要想实现文化载体对乡村传统文化的有效传承，文化主体就必须对乡村文化有深刻认识和反思，并在此基础上进行文化创新。

调研发现，国家、社会和村民等多元主体对乡村文化的反思和创新一直贯穿于月山春晚的发展过程中。首先，由村民或乡政府单一主体的组织模式转变为以村民为主、乡政府和社会团体为辅的多元主体组织模式。2000—2012年，月山芽儿是月山春晚的核心组织团队，他们秉持传承月山文化的原则，从舞台设计、服装道具、节目内容等多方面融入月山本土文化，奠定了月山春晚乡土性和草根性的文化基调。随着政府、媒体和游客对月山春晚的高度关注和期望，月山春晚逐渐被定位成能够代表和呈现地区性乡村文化的正规性文艺晚会，而单纯由月山芽儿们主导的组织方式难以提升其品质，于是市、县、乡三级政府部门开始介入干预，并掌握了月山春晚的组织和导演权。然而，由于政府部门并非月山春晚及月山文化的直接创造者，对月山春晚的文化理解和现实定位存在偏差，导致月山春晚愈发偏离乡土性和草根性，从而引发了月山芽儿、村民及媒体等的不满。2014年底政府相关部门将月山春晚导演权交还给月山村里的文艺骨干，政府只负责安排专业指导老师、提供资金和基础设备等辅助工作。于是，月山村两委及村里的文艺骨干积极动员吸收热爱月山文化的高校大学生等群体参与月山春晚组织工作。在以月山村民为主，相关政府部门和社会团体为辅的新型组织模式下，2015年的月山春晚不仅恢复了草根性和乡土性特色，演出效果也有很大提升。

其次，以日常生产生活和乡土文化为节目素材，融入多种现代艺术表现形式。月山芽儿和村民们不断地反思和创新节目内容和表演形式，深入挖掘月山的农耕文化、传统工艺、民俗文化等，将其融入于月山春晚之中。同时，安排村中的文艺骨干前往丽水参加主持、表演等专业培训，并根据指导老师的建议增加音乐剧、哑剧、舞台剧等多种新型表演形式，以现代化表演形式呈现月山的文化和历史。如月山芽儿和村民将《农活秀》改编为新节目《昨天 今天 明天》，借此展示月山村六十多年来的发展变化，憧憬月山和谐美好的未来；《传统食品制作》通过老人们对一些传统小吃制作过程的演绎，折射出乡村过年时浓郁的乡风民俗；《如龙与来凤》采用舞台剧的形式，重温吴如龙和陈来凤的唯美乡村爱情和村民们团结和谐共建美好生活的故事，鼓励村民们和睦相处构建美丽乡村；《十二乐坊》则是村民们创造性地模仿女子十二乐坊，并大胆地与日常生活相结合，利用锅碗瓢盆等生活中最常见的器具演奏出独特的乡村交响乐，生动地展示了月山村民们积极向上的生活态度。

再次，从月山春晚唱“独角戏”发展到月山春晚、百家宴和黄粿节“同奏乡村交响曲”。为了更加深入地展现传统村落文化独特而丰富的魅力，更加完美地展示传统村落的集体记忆与多元化的乡村价值，月山村两委及新乡贤们提出要丰富和充实月山春晚的系列活动，相继增加了具有地方乡土特色的百家宴和黄粿节两项活动，既让游客亲身体验黄粿等乡村美食的制作工艺，也让游客体会村民们的热情好客以及齐聚一堂欢快和谐的乡村生活氛围，真切地感受淳朴、真实的乡土生活。百家宴和黄粿节中所用到的食物素材均为月山村当地的土特农产品，这两项活动不仅丰富了月山春晚的活动形式，而且更直观地呈现了月山农耕文化，同时也带动了农副土特产品的加工销售。此外，这些丰富多彩的民俗活动的开展也使得村庄内外部交流不断加深，使得村民们对于村庄文化的认同感和社区共同体意识不断强化。

最后，文化传承方式由村民单一的代际传承拓展到多元化传承。经过数十年的努力，月山春晚逐渐打破村内小范围的代际传承，通过自编自演的节目形式，并借助大众传媒与自媒体的文化传播功能，广泛地将传统村落文化展现给社会大众，使乡土文化在城市化、工业化等多元文化碰撞的大环境中有效地实现多元化的文化传承。月山春晚是月山文化的缩影，也是中国传统村落文化的折射，因此月山春晚的持续发展有效地促进了传统村落文化的传承，也为传统村落保护与可持续发展提供了可供借鉴的有效路径。

### (四)结论与反思

#### 1. 多元文化主体共同推进传统村落文化的活态传承

为了解决因城镇化、工业化快速发展带来的传统村落文化凋敝等问题，月山村民依托和创新月山春晚，充分利用国家和社会提供的资源，通过新乡贤的引领示范带动普通村民共同的文化自觉，多元文化主体协同参与，共同推进了传统村落文化的活态传承。

首先，多元主体共同的文化自觉是实现传统村落文化传承与创新的重要前提。传统村落文化的形成不仅依托于悠久的农耕生产生活历史的积淀，更与相应时期的国家制度政策和社会环境等紧密相关。国家、社会、村级组织与村民都应该是传统村落文化的传承主体，只有多元主体有共同的文化自觉才能更好地实现传统村落文化的活态传承。

其次，多元主体在文化自觉过程中的协同合作是促进传统村落文化传承与创新的重要保证。乡村文化是世代村民长期农耕生产生活的积淀和结晶，村民是最直接的文化创造主体，因此在乡村文化传承中要充分发挥村民的文化主体性优势，如此才能促进乡村文化的生生不息、代代相传。同时，因受教育程度有限等因素，普通村民在乡村文化自觉中具有一定的滞后性与自发性，因此，各级政府、社会及新乡贤群体要充分发挥其在文化自觉中的优势，积极引导村民在乡村文化建设与传承创新中逐步建立起文化自信与自觉，共同促进乡村文化的传承与创新。

最后，承续与创新传统村落的文化传承载体并强化其功能是实现传统村落文化传承的重要基础。文化的有效传承必须依赖于坚实、持续的文化载体。因此，在传统村落的文化传承中，文化主体不仅要自觉地认识到文化传承的重要性，更要自觉地意识到承续与创新文化传承的物质与精神载体的重要性，认识文化载体的文化传承价值，通过立足本土乡村文化的保护、挖掘和创新，以及利用外部各种资源的有效植入等方式重构有效的文化载体，再通过不断的反思与创新强化其对于乡村文化的传承功能。

2. 传统村落保护与文化传承中存在的问题及反思

首先，乡村经济转型发展乏力和乡村教育事业滞后导致传统村落文化传承主体后继乏人。青壮年和未成年人是传统村落文化传承的重要文化主体，然而由于市场经济的冲击和城镇化的快速发展，以及撤并自然村和撤并农村中小学校等政策的实施，乡村中的青壮年大量外流，而未成年则大都跟随父母到其他城市就学，或者迫于村内无学校或者学校教学质量不高而外出求学。村庄中的常住村民数量急剧下降，“空心村”现象日趋严重，从而导致乡村文化传承后继无人等问题。如2014年月山村户籍人口523人，其中18—40岁常住村民不足20人，未成年人仅15人，而60岁以上的老人有300余人。因此，如何充分发掘和利用村落的潜在优势资源发展村域经济，吸引越来越多的村民回归村庄共同体，实现村落经济社会文化等方面的可持续发展，是传统村落保护与发展的当务之急和长远发展大计。

其次，多元化主体参与传统村落保护与文化传承中的利益博弈，导致多元传承主体角色定位不清及职能错位或越位。传统村落保护与文化传承自成体系、内容复杂，牵一发而动全身，不仅涉及村民、村级组织、当地政府以及其他社会群体等多元化主体，也与传统村落的历史变迁、地理环境、经济发展等多方面息息相关。然而，在传统村落保护与文化传承的实践中，各方面利益相互博弈，忽视了传统村落整体系统的保护与发展，从而导致传统村落保护与文化传承的实际效果存在偏差。如在传统村落保护的相关项目实施中，地方政府因政绩考核而过度干预传统村落保护及文化传承，导致村级组织与村民内部不配合、不默契，缺少群众的参与性。因此，各级政府、社会及村级组织应坚持促进传统村落可持续发展的原则，明确角色地位与职能分工，协同参与传统村落的传承与保护工作。

最后，对传统村落文化及其价值认识理解片面，导致文化传承载体闲置或异化。传统村落文化是村民长期农耕生产生活的集体记忆，依托于村庄特定的物质载体和精神载体而存在与呈现，并伴随着村庄的变迁发展而消逝、延续或再生、重构。因此，保护传统村落首先要充分认识与解读传统村落的集体记忆与多元化价值，从而增强传统村落保护与文化传承的文化自觉。目前，在传统村落保护与文化传承实践中，或是由于人们体对乡村本土文化的认识不深或理解偏差，未能充分认识到传统村落所承载的多元化价值；或是由于人们未能真正立足于乡村文化的独特价值来延续、重构及创新出适合传统村落文化传承的有效载体，而盲目照搬所谓的城市文化；或是毁灭式的“破旧立新”，拆掉老房子、老祠堂等，千篇一律地建造所谓的仿古建筑，人为地导致了传统村落的自然环境破坏、乡村文化传承载体消失等问题。因此，在传统村落保护与文化传承中，我们应该将传统村落作为一个活态的生命体，结合村庄独特的资源特点，并将村民的日常生产生活融入其中，进而实现乡村文化的活态传承及村落整体性的可持续发展。传统村落是一种生活生产中的遗产，对其保护必须与村民生活改善、村落可持续发展有机结合，需要政府、社会与村民等多元主体的文化自觉。

## 六、传统村落的居家养老服务与乡村价值传承

### （一）研究缘起

传统村落是承载与弘扬中华优秀传统文化的基石，随着城市化、工业化的快速推进，传统村落日趋衰败消逝。近年来，各级政府、社会各界开始逐步重视传统村落保护与发展工作。2012年，由住房城乡建设部、国家文物局、文化部和财政部等联合发布《关于加强传统村落保护发展工作的指导意见》（以下简称为《指导意见》）正式提出要加强中国传统村落保护发展工作力度。各级政府也纷纷出台相关政策，实施各种项目开展传统村落保护发展工作。然而，学界既有的研究成果主要集中于对传统村落物质文化与非物质文化价值及其保护发展的重要意义、存在问题及政策建议，欠缺对于传统村落的农耕生产价值、生态价值、休闲养老的生活价值等与村落可持续发展的协同效应研究。

近年来，中国人口老龄化以及农村空心化趋势日益加剧，全国60岁以

上老年人口，独居和空巢老年人口都在快速大幅度增加，农村实际居住人口老龄化程度可能进一步加深。虽然“十二五”时期我国老龄事业和养老体系建设取得长足发展，以居家为基础、社区为依托、机构为补充、医养相结合的养老服务体系初步形成，但是限于社会保障体制不完善以及村级集体经济薄弱，难以有效开展以养老院为主体的社会化养老，因此，迫切需要加强基于家庭养老与社会养老有机结合的新型农村养老模式——农村居家养老服务。目前，既有研究成果主要是针对某些局部地区农村居家养老服务供需状况、存在问题以及典型实践经验的描述性研究。有学者认为，农村居家养老服务尚处于基本满足“老有所养”的物质性养老，难以实现“老有所乐”和“老有所为”的精神性养老。针对上述问题，有学者指出，既要明确农村老年人作为养老服务的需方获取养老服务外，更要充分认识和激发老年人自身的人力资本、社会资本和精神资本，使其作为养老服务的供方，充分发挥其“优势”资源，构建新型农村居家养老的双向耦合机制。总体而言，学界关于农村居家养老的研究，欠缺将农村老年人的“老有所乐、老有所为”与农村文化建设、老年人的社区参与以及村落可持续发展等方面有机结合的实证研究。

### (二)传统村落价值传承保护与农村居家养老服务中存在的问题

#### 1. 传统村落价值传承保护中存在的主要问题

目前，在以政府为主导的传统村落保护与发展的实际工作中，面临着一些比较普遍的问题。一方面，各级政府及社会各界对于传统村落保护越来越重视，但是基层政府和村级组织对于传统村落保护的主要内容和具体途径并不十分清楚，即不了解传统村落的价值所在及其保护与传承载体是什么。面对政府实施的各种传统村落保护项目和资金茫然无措、无从着手，尤其是对于被列为文物保护单位和“非遗”场所的传统村落，大多只能是原址原貌保护，从而导致传统村落保护与村民生产生活方式的转变与生活质量的提高极不协调，影响了传统村落的价值传承与保护发展。另一方面，近年来乡村旅游迅速发展，越来越多的商业资本和社会力量通过多种途径参与到传统村落的开发利用中来，并未真正了解和立足乡村综合多元化价值，单纯地运用城市规划设计理念来开发传统村落，片面地利用传统村落的优美的自然生态环境和悠久的乡村人文景观大力发展乡村旅游业，尤其是兴建或改造大量与村庄人居环境并不协调的仿古建筑和人造景观，或者是开展没有地域特色的民俗文化展示或表演活动，将发展乡村旅游作为传统村落保护的单一途径，从而导致一些传统村落变成了生意火爆的旅游景点，有的甚至破坏和侵蚀了传统村落原有的“天人合一”的自然环境和深厚悠久的乡土文化，严重影响了传统村落的有效保护及可持续发展。

2. 浙江省农村居家养老服务这存在的主要问题

近年来，随着浙江省人口老龄化速度不断加快以及农村空心化日趋明显，各级党委政府高度重视农村居家养老服务工作的推进。截至2016年底，全省已累计建成城乡社区居家养老服务照料中心2. 23万个，老年活动中心（室）28903个，老年食堂1. 12万家，享受助餐服务的老人达130万人，实现了养老服务基本覆盖城乡社区。然而，由于多种因素制约，农村居家养老服务中尚存在一些问题迫切需要解决。

首先，依托政府项目支持，农村居家养老硬件条件良好，养老服务大多局限于物质养老，精神养老服务亟待加强。调查发现，由于各级政府投入财政资金对农村居家养老予以项目支持，使其具备了良好的硬件设施。例如，金华市金东区对于每个村的居家养老服务中心平均投入十多万元用于居家养老的场地改建、桌椅及炊具的购置等，同时还每年补助2万元的运转经费。然而，这种以政府项目为主向居家养老服务中心投入硬件建设和运转经费的模式，即使再加上村集体经济补助以及社会企业的捐助，也只能基本上保障居家养老服务中心的硬件设施改造和基本运转。对于那些村级集体经济薄弱的行政村而言，每年高达5万元以上的运转管理经费难以负担，收支难以平衡，从而影响了居家养老服务中心的正常可持续运行。因此，目前许多村的居家养老服务大多只局限于解决70岁以上老年人“一天两顿饭”的“老有所养”问题，其他养老服务（包括卫生保健、文化娱乐、精神慰藉等）难以有效开展，亟待加强“老有所乐、老有所为”的精神养老服务。

其次，农村居家养老服务活动的组织开展主要依靠村级组织，村民及老年人的主动参与度不高，影响了居家养老服务的质量提升。《“十三五”国家老龄事业发展和养老体系建设规划的通知》指出，要通过邻里互助、亲友相助、志愿服务等模式和举办农村幸福院、养老大院等方式，大力发展农村互助养老服务。发挥农村基层党组织、村委会、老年协会等作用，积极培育为老服务社会组织。然而，调查发现，浙江省农村居家养老服务主要是由村两委在独自承担着日常的运行管理工作，村民及老年人的主动参与度不高，专业化、市场化的民办养老机构等社会组织尚未涉足。究其原因，是目前许多农村中的中青年村民大多外出经商办厂而远离家乡，即使是在附近城市打工也是早出晚归，真正的居村村民基本上以老年人为主，导致普通村民很少参与居家养老服务活动，甚至由于这项服务的开展一定程度上解除了他们作为子女照顾高龄父母的后顾之忧，回村的时间更少了。而陷于传统养老观念的制约，在农村居家养老中仅仅将老年人作为养老服务的被动需求方，只是满足其简单的以“一日两餐”为主要服务内容的物质性“老有所养”，没有认识到老年人在村中所具有的丰富独特的社会资本、社会威望等，未能充分激发出老年人作为社区发展的主体作用，使其主动参与居家养老服务的日常管理活动以及农村文化建设、村庄治理等社区发展活动中，导致大多数居村老年人难以实现“老有所乐”和“老有所为”的精神养老。

## (三)传统村落价值传承保护与居家养老服务有机融合的协同发展

综上所述，在许多传统村落中都面临着保护与发展的困境以及居家养老服务难以持续运行等问题。何斯路村、蔡宅村和妙源村通过大胆探索实践，成功地将传统村落保护与居家养老服务有机融合，既有效地促进了传统村落保护发展，又提升了居村老年人养老质量，并产生了良好的协同发展效应。

第一，传统建筑及历史环境要素的修缮，既有效保护和传承了传统村落的文化遗产，又为居村老年人的“老有所养”“老有所乐”和“老有所为”提供了丰富的公共空间。

传统村落中尚保留着一些比较有价值的文物古迹、历史建筑、传统民居等传统建筑以及古路古桥古井古树等历史环境要素，迫切需要加以修缮保护和合理利用。目前，各级政府主要是采取项目招投标的方式来组织实施传统村落保护工作。同时，村级组织以及村民等也通过多种形式自觉地开展了一些传统村落保护工作。例如，近年来，何斯路村、蔡宅村和妙源村利用政府专项资金和村民自筹资金，陆续修缮了宗祠、庙宇、古民居、学校等传统建筑，恢复和保护了古道古桥古井古塘古树等历史环境要素(见表3-8)，并利用这些传统建筑和历史环境要素，有效地延续其传统价值以及开辟新功能。

**表3-8 传统建筑与历史环境要素修缮等情况**

| 案例村 | 传统建筑与历史环境要素修缮 | 公共空间转换及其功能发挥 |
|---|---|---|
| 何斯路村 | 修缮何氏宗祠并与文化礼堂建设有机结合 | 将宗族活动公共空间与村内公共文化空间有机融合，开展村落文化传承及建设 |
| | 修缮明清等时期的古民居 | 作为何氏家酿曲酒展示馆、传统文化教育基地 |
| | 修缮废弃的小学校 | 作为老年电大和老年协会活动场所 |
| | 恢复保护古道、古井、古樟树、古池塘 | 古道作为游步道，罗井泉水作为优质酿酒水源，古樟树及其旁边的古池塘作为村落的风水景观 |

续 表

| 案例村 | 传统建筑与历史环境要素修缮 | 公共空间转换及其功能发挥 |
|---|---|---|
| 蔡宅村 | 修缮蔡氏宗祠并与文化礼堂建设有机结合 | 将宗族活动公共空间与村内公共文化空间有机融合，开展村落文化传承及建设 |
| | 修缮明清等时期的古民居 | 作为老年协会活动场所、非遗文化高跷传承场所以及竹编工艺传承展示馆等 |
| | 修缮小学校 | 现在的村小学，传承勤耕苦读文化，改善学校基础条件 |
| 妙源村 | 修缮吴氏宗祠、苏氏宗祠 | 作为老年协会活动场地和祭祖等宗族文化传承场地 |
| | 修缮梧桐祖殿 | 作为非遗“九华立春祭”的传承场所和农耕文化展示馆 |
| | 修缮清朝等时期的古民居 | 传统竹编文化教育基地 |
| | 恢复保护古道、古桥 | 古道作为游步道，古桥作为村口的风水景观 |

从表3-8可以看出，何斯路村、蔡宅村和妙源村将宗祠、庙宇、古民居等修缮保护，与文化礼堂、老年活动中心以及农耕文化传承基地等建设有机结合，综合利用传统建筑内外部的公共空间，除了开展祭祖、入谱等宗族活动，还组织开展节日庆典、文化讲堂以及老年文体活动等，有效地促进了传统文化的传承及建设。尤为重要的是，在这些传统建筑与历史环境要素的修缮和利用过程中，一些具有较高文化程度和德高望重的老教师、老干部以及老族长等发挥了不可或缺的作用。因为这些老人对传统建筑、乡村历史文化与村情民风都比较了解，可以为传统建筑和历史环境要素的修缮和合理利用提供类似“活字典”的历史文化与相关技术指导。尤其是在宗祠和庙宇等修缮的过程中，村中一些具有较高威望和丰富社会资本的老人从资金筹措、人员分工、组织施工等方面都是亲历而为，有效地保障了这些传统公共建筑的修缮和保护。同时，以这些老人为主体还积极主动地组织开展诸如祭祖、修谱和入谱、传统婚庆等活动，有效地传承乡村优秀传统文化。因此，通过对其传统建筑及历史环境要素的修缮，既有效地保护和传承了传统村落丰富多元化的文化遗产，又充分发挥居村老年人所具有的乡村共同体威望和独特的社会资本，从而有效地为其“老有所养”“老有所乐”“老有所为”提供了丰富的公共空间。

第二，传统农耕生产价值的修复，既为传统村落保护发展提供了可持续发展的产业基础，又为老年人提供了依托农耕生产实现“老有所养、老有所乐、老有所为”的有效平台。

所谓村落是指以血缘和地缘为纽带，以农业生产为基础，由从事农业生产劳动的人口为主组成的相对独立的社会生活共同体。传统村落的形成是根基于传统农业生产方式。然而，随着工业化、市场化快速推进，由于单一的弱质性传统农业很难适应市场化的激烈竞争，传统村落日益失去其产业根基。而随着社会大众日益关注农产品品质及质量安全，又重新激发出传统农耕生产的市场价值与社会价值。因此，在城市化、工业化发展中，对于那些农耕历史悠久、传统农业产业优势明显以及仍然具有良好的农业生产条件的传统村落，可以通过传承和修复以自然农法为核心的传统农业耕作方式，再造有机循环农业，为传统村落保护发展提供可持续发展的产业基础。

近年来，随着农村大量中青年劳动力外出经商务工，在许多传统村落中居村村民大多是留守老年人。这些老年人虽然大多数衣食无忧，但他们老而不休，农耕不辍，基本上都在从事自给自足的农耕生产活动，运用其长期积累的丰富农耕经验种植老品种杂粮、蔬菜瓜果以及养殖土猪、土鸡等，不但可以通过自己的勤劳耕作做到“老有所养”，还可以在从事自己最擅长的农耕生产中发挥劳动价值以及体验劳动带来的精神愉悦，尤其是将自己生产出来的土特农产品送给城里的子女及孙子女等亲友时，共同享受其劳动成果以及安全可靠的“舌尖上的美味”，则是这些老年人感到最幸福的劳动回报和体验。有学者指出，以“老人农业”为代表的“半耕”者只要机械化可以减轻劳动投入，种田就如种花、锻炼身体。农忙时邻里互助，农闲时人情交往，……这是他们有意义的生活方式之一，也是整个生产生活节奏的一个部分。

例如，何斯路村是一个景色秀美的小山村，由于地处义乌商圈，村中大部分劳动力都外出经商或进城打工，大量耕地抛荒。近年来，在村两委的带动下充分挖掘整合村内特色资源，走出一条以农促旅、产业融合的可持续发展道路。历经三年多时间的考察、引进和试种薰衣草，成功地将百余亩撂荒地改造成为集旅游观光、产品加工为一体的龙溪香谷公园。该公园的运营管理团队主要由村里的老年人组成，分工负责园区内的环境卫生、田间管理和游客接待服务，老年人每月可以拿到2000多元的工资，而且作为集体经济成员年底还可以从园区收入中分红。何斯路村每到年底几乎家家户户都有老年人酿制黄酒的习俗，村两委通过在年底举办“何氏佳酿曲酒节”，开展黄酒评比、游客品酒等活动，既激发了老年人精心运用传统土法酿制黄酒的积极性，增加了收入，又有效地传承了黄酒酿制手工艺，丰富了乡村传统文化。

而蔡宅村和妙源村邻近的山上有丰富的毛竹资源，长期以来村民靠山吃山，既利用毛竹发展竹编产业，又将竹笋、竹叶等加工制作成各种土特产。随着中青年劳动力外出办厂或务工，传统的竹编产业面临萎缩，山上的毛竹资源闲置浪费。近年来，在政府、社会和村民的共同努力下，蔡宅村和妙源村的传统竹编产业正在逐步复兴。例如，蔡宅村在传统村落保护项目中专门利用修缮的老房子设立了竹编工艺传承展示馆，安排村内的竹编老艺人专门从事传统竹编工艺的传承活动，向游客现场传授和展示竹编技艺及精美的竹编产品。妙源村有许多老年人会手工编织笼帚、竹篮、果盘等竹制品，再由竹编合作社统一收购销售，既可增加老年人的经济收入，又可以让老年人有所作为。该村一名七旬老者WYG还因为具有精湛的竹编工艺被遴选为“衢州市工艺美术大师”，并且正在与年轻的徒弟合作将现代工艺设计与传统竹编手工艺有机结合，促使其制作的竹编工艺品既具有较高的市场价值，又有效地传承了传统竹编手工艺。此外，由于越来越多的游客来传统村落旅游观光，老年人采取传统土法手工制作的笋干、梅干菜、番薯丝等土特农产品也很受游客青睐，不仅增加了老年人的经济收入，又让老年人重新体会到劳动的价值与乐趣。因此，通过修复和发展传统农耕生产，既为传统村落保护发展提供了可持续发展的产业基础，又为老年人提供了依托农耕生产实现“老有所养”“老有所乐”和“老有所为”的有效平台。

第三，传统村落共同体的生活价值和文化教化价值的复兴，既重新塑造了村民们的精神家园，有效地传承了优秀的乡村文化根脉，又为老年人的“老有所乐”和“老有所为”提供了广阔的舞台。

长期以来，在以血缘、亲缘为纽带聚族而居的传统村落中形成了家庭的天伦之乐、邻里的守望相助等村落共同体的生活价值以及耕读传家、淳朴敦厚、积德行善的乡风民俗等文化教化价值。然而由于城市化、工业化的迅猛发展以及大规模的撤并村，导致大量传统村落解体或消失，乡村文化呈现荒漠化，从而导致原本依托传统村落而世代传承的优秀的乡村文化正面临着断裂和“失根”之痛。近年来，政府及社会各界越来越重视传统村落共同体价值以及乡村文化的传承、复兴与保护。传统村落保护发展不但要保护和合理利用村落文化遗产，而且要挖掘、延续和拓展传统村落的社会、情感价值、历史科学艺术价值，并有效地开展研究、教育及传承等实践活动。

调查发现，何斯路村、蔡宅村和妙源村通过采取多种形式复兴和传承传统村落共同体的生活价值和文化教化价值，不仅重新塑造了村民的精神家园，有效地传承了优秀的乡村文化根脉，系住了乡愁，而且也为老年人的“老有所乐”和“老有所为”提供了广阔的舞台。

例如，2006年何斯路村退休老教师HZG带领村民利用撤并村小后闲置的校舍创办了老年电大，为全村老年人开设书法、国画、诗词等传统文化以及养生保健课程，组建了老年人太极拳队和妇女秧歌舞队。通过这些活动，老年人不但提高了自身的道德素养，达到健康长寿之目的，精神文化生活也丰富多彩，真正地体验到“莫道桑榆晚，为霞尚满天”的幸福生活。同时，为了重塑“守望相助”的村落共同体，村两委在村老年电大、老年协会的支持下，于2008年开始创办“功德银行”，设立“功德银行”专用账本，以户为单位设立功德账号，由村内退休教师专职负责记录村民在日常生活中所做的各种好人好事。通过设立“功德银行”为传承优秀传统文化和进行乡村道德教化提供了有效载体和平台。此外，老年电大和老年协会还依托文化礼堂，每年举行祭祖仪式、尊老敬老仪式、新生儿入谱仪式、成人礼等仪式以纪念先祖和秉承“耕读传家”等族训。通过开展这些传统文化传承活动让村民崇文明、尚礼仪、明伦理、知孝悌，重现和睦邻里和淳朴敦厚的乡风民俗、互帮互助的共同体意识，重聚了民心、重塑起乡魂、系住了乡愁。

蔡宅村则在老年协会会长ZHG和新乡贤CGL的带领下将村中的多幢明清古建筑加以修缮，分别作为村文化礼堂、老年协会、竹编工艺传承馆、非遗文化高跷传承场所等，又为老年人提供了“老有所乐、老有所为”的有效载体。老年协会负责开展非遗高跷传承活动，组织村里高跷队参加村内外的各种表演活动，不断创新高跷技艺等。同时，CGL积极与村小学校长多方沟通，将学校作为弘扬和传承优秀乡村文化的重要载体，开展“非遗文化进校园”，促使非物质文化遗产“踩高跷”与传统竹编手工艺走进学校，让孩子们从小接触了解和亲身体验传统文化的魅力，有效地促进了乡村文化的“薪火相传”。

### (四)结论与启示

#### 1.基于文化自觉促进传统村落价值传承保护

随着社会各界“乡愁”情节的愈发浓烈以及各级政府对于传统村落保护工作的日益重视，人们开始逐步自觉地认识到传统村落所具有的“惠及苍生”的农耕生产价值、“天人合一”的生态价值、村落共同体的生活价值以及乡村文化传承等综合多元性价值，其多元化价值的传承保护与村落可持续发展应该是一个活态有机体系。冯骥才认为，传统村落保护与发展是可以和谐统一、互为动力、两全其美的，只有传统村落居民生活质量得到提高，宜于人居，人们生活其中感到舒适方便，其保护才会更加牢靠。近年来，各地实行的农村居家养老的政策目标就是为了应对农村人口老龄化和农村养老方式的转型变革，通过政策扶持、依托村级组织开展居家养老服务，使农村老年人可以“不出村、不离家”就可以实现“老有所养、老有所乐、老有所为”的幸福老年生活。因此，农村居家养老服务的政策设计目标蕴含于传统村落保护与发展的终极目标之中，二者是相得益彰、相辅相成、协同发展的。

目前，随着农村“空心化”趋势日益严重，许多传统村落中的居村村民主要是60岁以上的留守老人。因此，传统村落保护不仅要保存传统村落的古建筑、古树、古道等历史文化遗产，更为重要的是活态保护与传承传统村落所具有的家庭天伦之乐、尊老孝悌、守望相助、耕读传家等共同体生活价值及文化教化价值，从而促使居村村民能够安居乐业、老年人可以颐养天年以及村落可持续发展。如上所述，何斯路村、蔡宅村和妙源村正是基于文化自觉理念，在相关政府部门的政策项目支持下，村两委及新乡贤充分发动村民们的积极性和创造性，合理整合和利用村庄资源，将传统村落保护与居村老年人的居家养老服务有机融合、协同发展，有效地提升了村民们的生活质量，促进了村落的可持续发展。

2. 多元主体协同参与传统村落价值传承保护

政府统筹整合利用各种政策资源，采取多种有效形式将传统村落活态保护与居家养老服务的相关政策及项目有机融合、协同发展。目前，各级政府实施的传统村落保护和农村居家养老服务的各种政策及项目很多，然而由于传统村落保护是由住建局、文化局以及文物保护部门等按照各自职能分工负责实施，农村居家养老则是由民政部门负责实施，涉及职能部门繁多，难以有效整合相关政策及项目资源将二者有机融合、协同发展。因此，县（区）政府应该统筹负责，充分整合利用各种政策资源，围绕传统村落综合多元性价值的活态传承保护与村落可持续发展目标，探索采取多种有效形式将传统村落活态保护与居家养老服务的相关政策及项目有机融合、协同发展。

组织相关职能部门领导、专家学者、专业技术人员及村两委、村民代表等，经过充分调查论证，制定科学合理的传统村落保护与可持续发展总体规划，重点将村民的安居乐业、老年人居家养老等共同体的生活价值及文化教化价值的活态传承保护与村落可持续发展有机融合、协同发展，从而促使传统村落真正成为“村庄美、产业兴、宜居住、环境优”的田园综合体。

依据传统村落保护与可持续发展总体规划，将原来分散在各职能部门的相关政策及项目有机整合起来，实行权力下放和服务下沉，由相关乡镇（街道）政府与传统村落的村两委因地制宜地大胆探索采取多种形式开展项目。例如，对于专业技术含量和质量要求较高的基础设施项目等按照相关规定实行项目招投标形式，采取市场化方式由专业化企业负责实施。对于一些技术要求不高、适合村民参与的小型项目（尤其是类似居家养老照料、公共卫生等服务类项目）可以实行村内自主负责制，充分调动村民参与的积极性、主动性和创造性。

以村级组织为主导，以居村老年人为主体，依托村老年协会等社会组织，充分发挥其丰富的社会资本和较高的共同体威望，激发和调动其主动性和创造性，积极参与到传统村落的保护与发展过程中来，重塑乡村共同体的生活价值。传统村落的村级组织主要负责人不但要挖掘开发传统农耕生产价值、生态休闲及旅游价值等潜在的经济发展资源和后发优势，更要清醒地认识到传统村落所具有的守望相助、怡然休闲、孝悌和睦以及耕读传家等乡村共同体生活价值与文化教化价值是村落可持续发展的内源式发展动力。俗话说，“家有一老如有一宝”，在传统村落中老年人已经成为主要居村村民，他们不但具有丰富的传统农耕生产生活知识和实践经验，而且也拥有丰富的社会资本和较高的社区威望。这些老年人基本的“老有所养”的物质条件已经满足，更需要“苍龙日暮还行雨，老树春深更着花”，实现其“老有所乐、老有所为”，获得充实的成就感和幸福感。因此，在传统村落保护与发展中，要以村级组织为主导，以居村老年人为主体，依托村老年协会等社会组织，激发和调动老年人的主动性和创造性，积极参与到传统历史文化遗产的修缮保护、传统农耕生产修复、村落共同体的生活价值以及文化教化价值等复兴活动中。不仅可以有效地促进传统村落多元性价值的活态传承保护，还能够实现居村老年人“老有所养、老有所乐、老有所为”以及村民们的安居乐业，最终实现传统村落振兴与可持续发展。

# 第四章　传统村落价值传承与保护发展的“松阳模式”

## 一、松阳县传统村落概况及其保护发展现状

### （一）松阳县传统村落概况

松阳县地处浙西南，隶属丽水市，建县于东汉建安四年（199年），距今已有1800多年的悠久历史，为浙江省历史文化名城。松阳四面环山，全境以中、低山丘陵地带为主，地势西北高，东南低，中部开阔平坦，俗称“松古平原”。全县地域总面积1406平方公里，山地占76%，耕地占8%，水域及其他占16%，素有“八山一水一分田”之称。其中，松古平原面积达175平方公里，自古就有“松阳熟、处州足”之说，一直是丽水地区最大的产粮区。全县总人口23.99万，辖3个街道16个乡镇401个行政村。

松阳县世代居民依托得天独厚的自然生态环境，在长期的农耕生产生活中，或垦荒而耕，或傍山而栖，或择水而居，从而形成了大量的各具特色的传统村落，犹如一颗颗璀璨的珍珠镶嵌在青山绿水之中。长期以来，松阳县山区农村由于交通不便，至今仍完整地保存着“山水—田园—村落”的格局，是华东地区保存较好、代表性较强的传统村落聚集地，也是浙江省最具代表性的传统村落聚集地。2013年4月《中国国家地理杂志》将松阳县称为“最后的江南秘境”。全国共有4159个村被纳入前四批中国

传统村落名录中，其中，浙江省有401个村，丽水市有159个村，仅松阳县就有71个村，分别占全国总数的1.7%、浙江省的17.7%以及丽水市的44.7%，其数量分别居于浙江省和华东地区的传统村落总数第一、全国第二。此外，松阳县还有84个省级传统村落，先后被国家部委列为中国传统村落保护发展示范县、全国唯一的传统村落保护利用试验区和“拯救老屋行动”整县推进试点县。

总体来看，松阳县的传统村落呈现出如下特点：聚落类型众多、数量庞大，建村历史悠久，宗族文化深厚，人与自然和谐相处，农耕生产发达，村落选址布局科学、建筑工艺精湛，在浙江省乃至中国都有着不可替代的地位。

长期以来，传统村落的世代村民辛勤劳作、繁衍生息，造就了从事农耕生产生活的村落越来越呈现出集生产、生活、生态、社会及文化等综合多元化价值为一体的村落共同体，其综合多元价值主要包括“惠及苍生”的农业生产价值、“天人合一”的生态价值、村落共同体的生活价值以及文化传承与教化价值。传统村落作为乡村价值传承的活态天然博物馆，其综合多元化价值蕴含于乡村独特的农耕生产生活方式之中，并以其为载体持续地传承延续和发展。

### (二)松阳县传统村落保护发展现状

自2013年以来，在松阳县委、县政府的大力领导和有效推动下，以传统村落保护发展为主要中心工作，创造性探索出一条可复制、可推广的中国传统村落“活态保护，有机发展”之路，有效地促进了传统村落的活态保护与可持续发展。2013年，松阳县委、县政府提出打造“休闲养生胜地、山居民宿胜地、艺术创作胜地、运动健身胜地”的目标定位，箬寮原始林景区成功创建国家4A级旅游景区，取得高等级景区零的突破。2014年，松阳县成功申报松阳田园风情省级旅游度假区，获评2014浙江旅游发展十佳县。2015年，松阳县成为全国首个传统村落保护发展示范县，全国唯一的传统村落保护利用试验区，大木山茶园景区成功创建国家4A级旅游景区，首个标杆民宿——过云山居建成营业，首个乡村博物馆——平田农耕馆建成开放，大木山茶室和竹亭入选福布斯三十个亚洲经典建筑。2016年，松阳县成为全国唯一的“拯救老屋”整县推进试点县，红糖工坊建成营业，举办亚洲山地竞速赛和互联网+美丽乡村发展论坛。2017年，松阳县入围全省首批省级全域旅游示范县创建单位，举办中国当代国际艺术展，获评2017“中国最美榜”的最美乡村、全国旅游创新发展示范县。

松阳县通过开展一系列的传统村落保护工作，吸引了来自全国各地的一大批投资者到传统村落投资开办民宿、农家乐以及生态农业等。松阳县委、县政府抓住发展机遇，主动出台一系列优惠政策，积极推进农产品精深加工，培育传统手工业，推进农旅融合，农文融合，大力发展农村电子商务和来料加工等方式，有效地促进了生态农业、传统手工业与乡村旅游业等乡村“三产”有机融合与发展。目前，已经建成四都乡西坑村、平田村等精品民宿村，枫坪乡沿坑岭头村、新兴镇官岭村等“画家村”“摄影村”共13个，开发古村落摄影、写生线路八条，每年吸引“古村游”的游客200多万人。2016年上半年，全县实现旅游收入7.74亿元，2017年上半年旅游收入上升到10.5亿元，同比增长35.7%。2017年上半年，松阳县共整合或争取国家、省市各类补助资金已累计达2.78亿元，其中的62个传统村落的中央环保资金和一事一议奖补资金共计18780万元，统筹用于传统村落保护发展规划编制、保护修缮、环境整治、村庄基础设施配套及文化挖掘等，有效地促进了全县域的传统村落村容村貌和生态环境改善提升。据统计，松阳县旅游产业增加值占GDP比重由2016年的7.76%增至2019年的9.59%，在26个加快发展县综合考核中排名由末位跃为第一。

## 二、立足乡村特色资源和农耕文化，以艺术激活乡村的“画家村模式”

### （一）沿坑岭头村概况

沿坑岭头村距枫坪乡政府约2.5公里，村落坐落在海拔700余米的半山腰。全村分为内寮、沿坑岭头两个自然村，全村120户总人口数351人，共有5个村民小组，耕地面积369亩，林地面积1379亩。全村以叶姓为主，据史料记载，明末清初，由于战乱动荡，叶姓始祖芝六公从松阳古市迁居沿坑岭头村，繁衍至今已二十二代，近四百年历史。村庄建造在丘陵地区的山岗上，高低错落有致，形成了非常富有层次感的古村落群。目前，村内房屋基本都保持原生态的泥墙黑瓦格局，土木结构，部分房屋建有突出的吊脚楼。村内建有两座叶氏祠堂，建于清朝乾隆年间，建筑内木雕精美。村内分布有十余栋古民居，建筑年代从明末清朝一直延续至今。近年，在下山脱贫搬迁的大浪潮中，这个村已经列入整村搬迁的计划，整个村子即将“消失”在松阳的版图上。

沿坑岭头村虽然地处偏远高山，但是拥有良好的生态环境和独特的山区资源。该村空气纯净，长年云雾缭绕，瞬息万变；地势高低错落，群山环绕、视野开阔；民居建筑错落有致，一步一景，阳光照耀下，金黄色的夯土墙与红黑相间的瓦背呈现古村淳朴、宁静、野趣和历史感。景色四季分明，春天桃花、梨花、李花点缀于门前屋后；夏季萤火虫与天上繁星交织，童话般的意境；秋季，湛蓝的天空衬着红彤彤的金枣柿，色彩绚丽；冬天银装素裹，雪景特别迷人，有一种塞外风光的感觉，让人留恋。村里周边山坡上有180余株二三百年的野生古柿子树，为目前国内规模最大的一片金枣柿树群。

2013年前，由于沿坑岭头村外出进城务工的村民越来越多，村落日益空心化。该村被枫坪乡政府列为需要整村搬迁的行政村，村民也陆续为改善生活条件搬离村子进城买房定居，但也有一大批中老年村民怀着故土难离的情结，不愿意离开村子。2013年以来，枫坪乡党委、政府紧紧围绕“田园松阳”战略部署，秉持“活态保护、有机发展”的村落发展原则，借助全县旅游“扬帆启航”的东风，全力推进沿坑岭头“画家村”建设，取得了一定成效。截至2017年年底，共修复改造民居43户30幢，建成生态民宿13家，拥有接待床位215个。2017年共接待各高校写生创作师生2万余人次，实现旅游经济收入300余万元。高端民宿“柿子红了”入选为浙江省十大民宿候选名单。

近年来，沿坑岭头村之所以能够从一个即将下山搬迁的空心村华丽转身，发展成为全国小有名气的“画家村”，2014年成功入选为第三批中国传统村落名录，关键在于立足乡村特色资源和农耕文化，多元主体协同参与，以艺术激活的多元性价值，有效地促进了传统村落活态保护与有机发展。村民在村落发展中尝到了甜头，吸引了在杭州、温州等地打工的年轻人陆续回家创业，村民已真正理解了“绿水青山就是金山银山”这句话的深意。沿坑岭头村已成为松阳县乃至丽水市传统村落活态保护发展的示范村。

### （二）以艺术激活乡村的沿坑岭头“画家村模式”

传统村落活态保护应定位准确，做好规划。传统村落活态保护要重视规划引领，必须坚持整体保护、活态保护，着力体现一村一品、一村一业、突出差异性，力求各村的特色发展，错位发展，从传统人文、自然资源、特色产业等角度定位谋划。从2013年8月开始，丽水职业技术学院油画专业副教授李跃亮作为农村工作指导员和沿坑岭头村党支部第一书记，通过实地考察与画家的专业洞察力，提出立足优美的自然景观和保持较完整的原生态古村落，将该村打造成为集避暑、休闲、艺术创作的“画家村”的总体规划，并在松阳县、乡两级政府领导的大力支持下，带领村两委开始了沿坑岭头村的活态保护工作，主要是从改善村民宜居生活条件与改造民宿有机结合、传承传统农耕文化与发展现代农业有机结合、整体修复保护生态宜居环境（古树、古井、山、水、田园等）三个方面着手开展的。

1.新乡贤引领，以艺术激活传统村落

李跃亮来到沿坑岭头村挂职后，根据其初步确定的打造“画家村“的规划，运用其作为画家的专业优势，创作了一百余幅以沿坑岭头村风土人情为题材的油画作品，出版了油画专集《李跃亮油画》；在丽水市美术馆、松阳乡村798文化创意园、丽水市知秋画廊等地举办“田园松阳 美丽沿坑岭头 李跃亮油画展”，在短时间里使绘画界同行知道沿坑岭头村是一个写生创作的好地方。与此同时，李跃亮还利用其广泛的专业人脉，邀请国内知名画家（郑毓敏、秦大虎、陈宜明、邱瑞敏、蒋跃等）到沿坑岭头村写生创作；联系丽水市文联，丽水市美协在沿坑岭头村举办“丽水市画家画沿坑岭头”写生创作活动，并在村祠堂举办“画沿坑岭头美术作品展”，对沿坑岭头村进行前期宣传推广，使沿坑岭头村短期内在全国绘画界有了一定的知名度。从2013年开始，沿坑岭头村每年举办一次名家走进沿坑岭头写生创作活动。2015年7月，组织“浙江省知名画家走进沿坑岭头画家村写生创作活动”，邀请了省内70余位知名画家在沿坑岭头村写生创作。和以往不同，这次活动是和民间有近万名画家会员的“中国写意当代联盟”微信平台合作，微信平台负责邀请画家，受邀画家面广，有知名度，有代表性。真正做到活动前有预告，活动期间每天有画家写生“花絮”，活动后有展览预告、有现场展览播报，还有网上微展览，受众面广，点击量超万次，取得很好的推广宣传效果。

2.将村民宜居生活与特色民宿改造有机结合

“留住人、宜栖居、原生态、共发展”是传统村落保护发展的宗旨。

宜栖居是以人为本的理念，民居改建既要让农村更像农村，又要能满足现代人的生活需求，在外观上保持古村的原貌，尽可能少的人工干预，室内装饰古朴、舒适、有地域特色、有理想的卫生设施。民居改造主要改造民房不适应村民现代社会的需要缺陷，民居改造以安全性、舒适性、多样性与本土性为原则。安全性主要是对民居结构的加固、屋顶的防水防漏处理；舒适性主要是在民居内部空间的营造上注重通透性、私密性和采光需求。在民居改造的同时，结合“画家村”的打造逐步带动发展民宿业。

第一代民宿（1.0版）的改造。鼓励发动村民回乡改建民居是保护古村的切入点，叶秋平是最早响应创建画家村的村民，他与其他两户人家一起，用自家的老房子改成了以高低铺为主的学生房——第一代民宿（1.0版）。第一代民宿考虑到成本和功能等因素，采取就地取材，讲求安全、简洁本土的原则。主要接待前来写生的艺术院校学生，条件相对比较简单，仅仅能满足基本的住宿需求。这三户民宿共52个床位于2014年3月完成。然后，李跃亮利用个人资源，联系了十批次艺术院校师生来到村里写生，三个月时间陆续接待三千余人次，三户村民增收20余万元。

第二代民宿（2.0版本）的改造。有了第一代民宿的成效，村民们看到了希望，小山村渐渐热闹起来，除了画家、学生，也开始有游客前来探访。然而1.0版的民宿住宿环境显然无法满足学生以外的其他旅行者。于是，在李跃亮的发动下，一些村民开始了第二代民宿的改造。第二代民宿主要在住宿的高低床的基础上，增加了标准间。同时，在原有的基础上对房子进行了适当的装修，屋内相对整洁干净，房外采用明瓦，窗户加大，满足通风和采光的需求，每个房间有了独立的卫生间，也布局了公共空间，布置了茶几、沙发等现代生活的元素。

第三代民宿（3.0版）的改造。第二代民宿的改造完成更促进了沿坑岭头村的旅游发展，村子的名气也随之越来越大。然而，第二代民宿虽然简单舒适，但满足不了高端旅游休闲人群的生活需求。没有一个集住宿、茶歇、娱乐休闲空间等多功能为一体的民宿已成为“画家村”发展所要突破的一个瓶颈。在县、乡两级政府领导的大力支持下，李跃亮经过充分的考察和精心的规划设计，开始了第三代民宿（3.0版）——“柿子红了”民宿改建工作。为了与普通民宿或农家乐有区别，“柿子红了”做足了空间使用的功能性和体现山区文化方面的文章，针对不同需求设置单间、套房和可供休闲与交流的公共空间，不仅设计有风格的“幽兰生前庭”“野竹自成径”“采菊东篱下”“为梅且拆屋”“陌上缓缓行”五个主题房，还有特色餐厅、咖啡厅、书屋，功能齐全。既符合中国传统审美，也富有现代气息。经过四个多月的努力，“柿子红了”完工，效果很好，成为松阳县民宿改造的样板，2015年3月被浙江省旅游网评为“浙江省十大小而美民宿”。

此外，建造适合绘画创作的平台，吸引更多的专业人士来村里绘画写生。画家在野外写生时往往受场地、天气等因素影响而无法创作，根据实际情况，在不影响整村风貌，使村落更加完整美观的理念指导下，在村周围选择适合画家写生创作的最佳角度，利用旧木料、树皮、瓦片等建材，由村干部带领村民搭建了四个画家写生创作亭和五个写生创作平台，能满足画家进行全天候写生创作，深受画家和艺术院校学生欢迎，从而吸引了越来越多的专业人士来村里绘画创作。例如，中国美术学院蒋跃教授评价：“这是国内美术写生基地的创举，是专为画家量身定做理想创作平台”。2014年，共接待写生创作师生和旅游1万余人次，村民年人均增收1700余元。2019年底，全村共有民宿17家，床位236个，接待写生创作师生和游客2.8万余人次，实现收入320余万元。

3.将传承传统农耕文化与发展现代农业有机结合

传统村落活态保护不是简单的回归农村时代，而是立足乡村的自然生态资源和传承农耕生产价值，有效提高村民收入，改善农民生活水平，促进传统农耕文化传承与村落的可持续发展。宗祠是乡民祭祖、民俗活动的重要场所，宗族观念有利于凝聚民心，因此修缮宗祠和恢复传统优秀民俗文化对村落保护有重要意义。沿坑岭头村两委通过广泛宣传发动村民自愿出资出劳，得到村民的积极响应和热情参与，并争取县文物管理部门配套资金，对村里的两个宗祠和一个社庙进行修缮。宗祠和社庙修缮后，村民又恢复了传统祭祀风俗，祠堂、社庙里面常年香火不断，并在重要传统节日由村两委会组织，村民自愿邀请民间剧团在祠堂里面表演木偶戏、“松阳高腔”等。此外，沿坑岭头村原来每逢春节村民有自发组织舞龙的习俗，但后来随着年轻人的外出，传统舞龙活动逐渐消失。近年来，随着传统村落活态保护工作的开展，村民经营民宿业后，部分年轻人逐渐回乡创业，现在过年时年轻人又重新舞起龙灯庆新年了。沿坑岭头村的传统文化习俗得到了活态传承。为古村振兴带来勃勃生机，同时也为画家、摄影家等提供了艺术创作的素材。

依托高山生态优势，探索发展高效生态农业。沿坑岭头村地处高山，耕地只有300多亩，而且多为山区梯田，面积不大，但是土质肥沃，适宜种植高山水稻、蔬菜、豆类、玉米等农作物。同时，还有1300多亩的山林，生长着毛竹、柿子树等。长期以来，沿坑岭头村村民靠山吃山，世代生存繁衍，形成了独特的山区农耕生产生活方式。随着市场经济的迅速发展，受交通条件所限，村里的土特产品很难销售到市场，村民收入难以增加，越来越多的中青年村民外出进城务工。因此，要有效保护与发展沿坑岭头村，首先必须依托高山生态优势，探索发展高效生态农业，有效增加村民收入，才能让更多的村民可以不用外出打工就可以安居乐业。作为农村工作指导员的李跃亮在成功地将沿坑岭头村打造成为远近有名的“画家村”后，为了进一步增加村民收入和吸引更多年轻人返乡创业，他经过充分市场调研和精心筹划，运用现代农业创意，成功地将沿坑岭头村的野生金枣柿打造成为网上热销土特产“善果”，就是一个非常成功的典型范例。该村的山坡上生长着180余株二三百年野生金枣柿子树，金枣柿是沿坑岭头的传统农产品，也是村民一大收入来源。由于宣传力度不够和交通不便等原因，野生金枣柿的价格才3—5元一斤，连加工的功夫钱都赚不回来，只能任其在树上腐烂变质。为了打开金枣柿的市场，2013年秋天，经李跃亮多方联系，了解到“自然造物公社”是一支宣传推广原生态农产品和传统手工艺品的民间团队，于是联系他们来沿坑岭头村一起为“金枣柿”进行产品包装，将金枣柿取名“善果”，编成故事，并拍成微电影，通过微信、淘宝等网络平台进行传播、销售。“善果”成功的创意营销引起新华社的关注，一篇“新型的经营模式带动古村焕发生机”的新闻报道得到人民网、环球网、新浪网等20余家网络媒体转载，大大提高了金枣柿的知名度。商家主动上门收购，如今的金枣柿供不应求，仅此一项可带动村民每年人均增收500余元，全村增收10万余元。为了推行沿坑岭头村的健康、时尚、文化、艺术于一体的综合发展理念，2017年11月23日，该村举办了首届金枣柿采摘节，吸引了大批游客和摄影爱好者前来采摘体验和旅游，有效地扩大了金枣柿的市场宣传和“画家村”社会影响。

为了充分利用山区肥沃的耕地资源和优良的生态环境，2017年初沿坑岭头村村民在村委会主任叶晨波和民宿合作社理事长叶秋平的带领下，将荒废的200多亩的耕地重新整合利用，采用传统农作方式种植了25亩老品种的高山水稻，亩产稻谷750斤，每亩平均实现效益500余元。同时还严格按照有机农业生产标准种植了20亩经济价值高的金丝皇菊，亩产鲜花2000斤（可制干花140斤），每亩平均实现效益2100元，既增加了村民们的经济收入，又增添了山乡美丽景观，实现了山区特色农业与艺术创作和乡村旅游的有机结合。此外，村两委还与浙江财经学院东方学院合作，对村里的土特产品进行系列包装设计，包括金枣柿、香菇、木耳、笋干、大红袍、黑豆、黄豆、辣椒酱、姜母茶、端午茶、山粉等12个农产品，并鼓励村民开设网店，在网络平台销售，极大地提升了农产品的附加值，有效地促进了村民增收。

在长期的农耕生产生活中，沿坑岭头村村民中有许多工匠掌握了较多的传统技艺，有木匠箍桶、制鼓，有篾匠制龙灯，有泥瓦匠以传统“夯土墙”技艺造房，还有当地特产“金枣柿”的加工技艺。随着农耕生产生活方式的不断变迁，许多传统手工艺逐步面临后继乏人的状态。在传统村落保护中要使这些传统技艺复活和有效的传承，必须找到这些传统手工艺与现代生产生活契合，恢复其实用性和提高艺术性，促使传统手工艺活态传承。例如，该村制鼓工匠叶关汉有三十多年的制鼓技艺，但是由于农村传统文化活动日渐衰变，传统制鼓技艺失去了传承载体，叶关汉制作的鼓销路不好，不得不长久歇业。2013年李跃亮受金枣柿创意成为“善果”的启发，再次联手“自然公社”将叶关汉制鼓过程制作成微电影在微信平台传播，取得了非常好的宣传效果。陆续有厦门、杭州等地的客户下了多批订单，出现供不应求的局面。通过网络传播和网上销售等现代营销方式，不仅拯救了濒临灭绝的传统制鼓手工艺，还进一步丰富和提升了画家村的文化品位。2017年村里又改造了两家高档民宿“柿里艺宿”和“无羁”，总投资400万左右，都是利用村里的老民居改造，找来村里60岁以上的老年人，就地取材，采用夯土垒墙、榫卯木结构等传统建筑手工艺进行修复改建，既成功地打造了独具特色的高档民宿，又活态地传承了传统手工技艺。

4. 多元主体协同推进，实现共赢发展

打造画家村不仅是一个“物”的建设过程，更是人心修复的过程。沿坑岭头画家村的成功打造，得益于建立了“政府引导、村民主体、优秀社会人才共同参与”多方协作的共赢发展机制。一是以政府为主导，引导推动传统村落保护发展工作。枫坪乡党委、政府建立了由主要领导亲自挂帅，其他班子成员合力攻坚的工作机制。一方面，政府出台传统民居改造利用工作实施意见和传统民居改造技术指南，制定详细补助标准，指导、帮助解决民居改造过程中遇到的实际问题；另一方面，政府主导开展示范点建设，利用示范项目引领，引导村民举一反三，进行模仿式创造和建设。二是以村民为主体，激发村民主动参与传统村落保护发展的积极性，使其共享发展红利。村民是画家村建设的主体，村民是否及时积极地投入参与是决定画家村打造成败的重要前提。在画家村建设中，乡政府采取“村级工程大家建”的形式，由村干部带头，村民自发投工投劳参与村落建设。在民宿经营中，成立“沿坑岭头画家村协会”，民主选举优秀民宿业主叶秋平担任理事长，组织全体民宿业主讨论协会的管理章程，采用“统一标准、统一收费、统一管理、统一宣传”的合作经营模式，对客源分配、收益分配、服务标准、收费标准等细节逐条讨论并形成规章制度，做到有章可循。在村庄治理中，充分调动和发挥村民的积极性主动性，共同参与“画家村”的公共卫生和餐饮服务中。比如，动员老人、妇女参与村庄卫生保洁等公共服务；擅长农业种植和养殖的村民为民宿业提供瓜果蔬菜畜禽肉类等有机农产品等。三是优秀社会人才共同参与。乡村建设离不开有乡村情怀的优秀人才的共同参与，沿坑岭头画家村在村庄环境提升、民宿改造设计、乡村艺术氛围营造以及营销宣传等各个环节都凝聚了以李跃亮、深秋、孙君老师为代表的众多画家、设计师、优秀学者的智慧和心血。如“画家创作平台”建设过程中，通过动员众多画家参与探讨，选择写生创作的最佳角度，建设了非常适合绘画写生的创作平台，被中国美术学院蒋跃教授誉为“国内美术写生基地的创举”。

## 三、基于生态宜居环境和乡村文化，重塑乡村共同体的“云上平田模式”

### （一）平田村概况

平田村位于松阳县城东北，距县城15公里，东北与武义县竹客村接壤，村庄海拔610米。平田村三面环山，东面鸡毛山，北面天台尖，南面杨梅花山，整个村庄依山而建，布局呈凤凰飞翔之状。全村共有102户312人，耕地面积312亩，林地面积3490亩。平田村是一个典型的具有深厚历史文化底蕴的宗族聚居型村落，村民99%都为江姓。据江氏宗谱记载，平田江姓发自嬴姓，传说是大禹的贤臣伯益公的后代，自伯益公受姓以来，世代繁衍，直至北宋政和三年（1113）传至十六世奎公时，自括苍郡迁至四都平田创业建祠，繁衍子孙，是为平田江氏之始祖，距今900余年。村中尚保存着自宋至民国各时期的宗祠、香火堂、庙宇、民居、古道、古桥等传统建筑以及大量的牌匾、壁画和古旧书籍。整个村落街巷体系至今保留完整，丽金茶马古道穿村而过，还保留着多处传统风貌的古道水系、地貌遗址以及成群古树等。该村2013年被评为丽水市级农家乐特色村，2014年入选国家级传统村落名录，2015年“云上平田”民宿被评为丽水市级农家乐综合体，2017年“云上平田乡村慢生活体验区”荣获中国乡村旅游创客示范基地。

平田村所属的四都乡是个典型的高山乡，下辖11个行政村，全乡平均海拔700余米，森林覆盖率达84%，拥有优良独特的地理生态环境，一年有200多天可见云山雾海。然而，随着城市化的快速发展，越来越多的村民下山进城，出现了许多人去屋空的空心村。“十二五”期间该乡的规划目标是整村搬迁下山脱贫，并且有四个偏远的山村已经整村搬迁到山下安置，其余村庄也要陆续搬迁。2013年以来，为了贯彻落实松阳县委、县政府关于全面实行传统村落保护发展的战略部署，四都乡党委、政府经过充分调研，整合各方力量，首先选择了平田村、西坑村等作为传统村落保护发展示范点，基于青山绿水的生态宜居环境，植入乡村旅游、高效生态农业等业态，着力发展特色民宿。2017年四都乡共建成民宿24家，星级农家乐13家，床位240余张，共接待游客40余万人次，旅游收入达6000万元，带动了800多村民增收致富，使得曾经被视为衰败无用的青山绿水真正地变成了金山银山，有效地推动了山区传统村落保护与可持续发展。

## (二)平田村特色民宿的“云上平田模式”

### 1. 以新乡贤带动，引进高端设计团队，将传统民居改造成为“云上平田乡村慢生活体验区”

2014年，平田村被列入第三批中国传统村落名录后，让村里老支部书记江根法重新看到了复兴古村的希望，认为可以抓住这次难得的机会，把村里祖传的老房子进行修缮，让萧条的村庄重新恢复生机。于是，老书记让儿子江斌华给县委书记王峻写信，希望县政府能够重视对平田村的传统建筑的修缮和古村规划发展工作。当时正值县里大力发展乡村民宿推动传统村落保护项目，相关部门动员村两委发动村民开展民宿。江根法随即与其在外工作的江斌龙等子女商量，共同出资租下了村里的28幢闲置房及危房进行修缮维修，并进行规划和开发成民宿，试图让村庄得到重生发展。为了有效促进平田村传统村落保护与特色民宿改造工作，由县政府牵头请来了清华大学罗德胤教授承担整村旅游规划和传统村落的保护利用规划，于是，“云上平田乡村慢生活体验区”就应运而生了，并由江根发牵头，联合了本县的其他几个返乡创业的新乡贤合作成立了云上平田旅游发展有限公司。

“云上平田”项目按照“主题特色明显、基础设施完备、服务功能齐全、经营机制完善、经济效益显著”的建设标准，规划建设一个集住宿、餐饮、会务、休闲为一体的综合群。同时，由县政府统筹邀请到清华大学原建筑系主任许懋彦、香港大学建筑系主任王维仁、中央美院数字空间与虚拟实验室主任何崴、哈佛大学年轻建筑师“省千专家”徐甜甜等四个团队为该项目做设计规划。现已建成精品民宿木香草堂、农耕博物馆、手工作坊、爷爷家青年旅社、山家清供餐厅等。

由徐甜甜设计的农耕博物馆及艺术家工作室荣获“2015年住房和城乡建设部第一届田园建筑优秀作品一等奖”；爷爷家青年旅社获得2015全国

室内设计金堂奖，2016年美国杂志*Hospitality Design Magazine*评其为全球最佳经济酒店，并获得意大利A’Design Award国际设计银奖。这些经过设计师精心改造的民宿、农耕博物馆等都是在充分遵循平田古村原来的街巷肌理和村庄空间布局的前提下，在保留原来民居榫卯木框架结构和土黑瓦黄泥墙的建筑特色风貌的基础上，将传统农耕文化与城市现代生活理念有机融合，既有效地修复了村民的老民居，又有效地打造了适宜城市居民休闲度假和体验农耕文化的特色民宿业发展。例如，由徐甜甜设计的农耕博物馆和手工作坊原来是位于村口的一所空置已久老民居，房屋破损严重，影响村庄的整体形象。结合平田村传统村落保护规划，徐甜甜在保留和修缮原民居的夯土墙、木结构、屋面瓦等传统建筑要素的基础上，大胆改造设计建筑空间、内部采光和功能转换等，将其功能改造成为农耕博物馆和手工作坊，作为村庄的公共文化区展示平田村的农耕文化，并作为平田的手工竹艺等作坊，又可以作为文化配套支撑村里的民宿开发，兼具文化交流功能。而爷爷家青年旅社原来是一幢破败的四合院，屋顶横梁都已腐烂，部分外墙已经开始倾斜和坍塌。中央美院数字空间与虚拟实验室主任何葳经过对其独具匠心的设计，促使老屋新生，改造成为适合年轻人居住的青年旅社，一层为青旅前台兼客厅、书房、咖啡馆，二层朝向良好的一面开设了一个长窗,将室外的明媚阳光和山岚雾气融为一体。室内设计成三个“房中房”,它们由半透明的轻质阳光板构建，每个房间有上下铺若干，房间底部安装万向轮，可以按照入住者的喜好自由组合空间，非常适合年轻人的个性爱好。因为这座老房子曾经是业主爷爷的住所，所以将之称为爷爷家青年旅社。该青年旅社自建成以来，在国内外拿到许多大奖，正如设计师徐甜甜所说：“原本村里的老房子失去了住宿的功能，我们通过设计、改造，让它们重新复活，要把平田建成‘推开窗是云，抬起头观星’的休闲胜地。”

“云上平田”民宿项目现已发展到第三期，占地4000余平方米，24间民宿43个床位，可以同时接待200人用餐。2016年底，“云上平田”民宿营业额已累计达500多万元，共接待游客20余万人次。“云上平田”民宿改造及成功运营给留在村里的村民提供了建房、餐饮、卫生服务等工作机会，增加了不少收入。村民们自治的萝卜片、番薯条等高山土货也成了外地游客争抢热购的美食，原本只卖几毛钱的萝卜现在卖2元1斤还供不应求，村民人均售卖农产品增收4000多元。现在不少在外地打工的村民陆续返乡，加入到村庄的民宿业发展中，从而使这个昔日空心化的小山村重新焕发出生机和活力。

2. 立足传统特色农耕生产生活方式，推动农旅有机融合，促进小农户与现代农业有机融合

传统村落先民们早期择地选址而居时就充分考虑了要通过“道法自然”的传统农耕生产生活方式，“靠山吃山、靠水吃水”，与自然生态环境“天人合一”，从而营造出“一方水土养活一方人”生态宜居环境。因此，传统村落保护发展的核心在于如何重新挖掘整合村庄原有的资源，重新激活传统农耕文化价值，并通过与现代农业有机对接，促进村民增收和安居乐业，从而真正实现传统村落的活态保护与可持续发展。正是基于上述理念，平田村两委和“云上平田”民宿的几个主要合伙人于2014年注册成立了云上平田旅游发展有限公司，将传统农耕文化与城市的现代生活理念有机结合，致力于将平田村打造成为一个集住宿、餐饮、农事体验以及农产品生产、加工、销售等农村一二三产业融合发展的“田园综合体”，从而促进传统村落保护与振兴。自2014民宿业正常运转后，江根法、叶大宝等合伙人依托村庄特色资源筹划开展了“大荒田萝卜种植基地”和“云缬坊扎染项目”。

平田村所在的四都乡地处高山，高寒的山区气候、肥沃的砂质土壤非常适合种植萝卜，白嫩多汁，有增强免疫功效，颇具盛名。因此，在松阳历来就有“四都萝卜上市，人参补品让路”的民谚。平田村民也是世代种

植萝卜，并将萝卜加工成萝卜干、萝卜片等。云上平田民宿成功运行后，从村民手中采购萝卜、番薯、蔬菜等作为餐饮食材，游客也争相购买村民们自制的各种土特农产品，从而有效地提高了留村从事农业生产的村民们的收入水平，使他们看到了传统农耕生产的价值所在。返乡创业青年的叶大宝在加盟云上平田公司后，一直也在探索如何利用民宿发展带动农业复兴和村民增收，并吸引更多的年轻人回村创业。为了更好地发挥平田村传统农耕生产的价值，叶大宝积极鼓励留在村里的老农们成立大荒田合作社和种植基地，充分发挥他们长年从事农耕生产的丰富经验和种植技艺，发展传统特色农业，重新复兴农耕生产价值。云上平田公司与村两委、村民们商量后，于2016年5月成立了云上平田大荒田农产品合作社，共有24户村民自愿加入合作社，由本村在外经商返乡创业的江永东担任合作社理事长。合作社成员基本上都是40—60岁的中老年农民，有二十多年从事种植高山农作物的生产经验。在云上平田大荒田开荒农产品合作社成立仪式上，大荒田农产品专业合作社和云上平田山家清供餐厅、松阳旭日摄影酒店、六格农产品有限公司等企业签订农产品订购合同。

根据以往的种植经验，合作社将位于海拔800多米的高山上的一块荒废了十余年的70亩大荒田开垦出来作为合作社种植基地。为了更好地保护山坡地的水土以及生产出优质的农产品，合作社遵循传统农耕的生态有机种植方式，首先试种了四都乡自古以来有名的高山萝卜，并在第一年就喜获丰收。虽然按照传统农作方式，萝卜产量不高，但是萝卜品质和口感俱佳，得到了云上平田民宿就餐和体验农事活动的游客的一致好评。为了帮助合作社将丰收的优质萝卜顺利地销售出去，叶大宝带领管理团队利用“互联网+”模式在网络平台上策划推出了云上平田大荒田萝卜销售集市平台。同时，结合民宿旅游活动，开展了大荒田农事体验活动，举办萝卜文化节、拔萝卜比赛等丰富多彩的活动，让游客在欣赏高山秀美风光的同时，也有机会更多地了解传统农耕文化以及体验农耕活动。同时，为了满足游客和城市居民购买萝卜的消费需求，云上平田管理团队还帮助合作社将新鲜的萝卜进行生态环保化的包装，每周二和周五快递发货给顾客。通过组建农产品种植合作社，使村里中老年农民的传统农耕生产经验和技艺又老树逢春，不但有效地增加了村民们的收入，更是让他们重新体验到农耕生产的价值、乐趣和尊严，有效地激发了古村的活力。

松阳县地处浙西南山区，境内多为高山，生态环境优良，长年云雾笼罩，非常适宜茶叶生长。因此，松阳茶叶栽培始于三国时期，兴盛于唐代。目前，松阳县已经成为“浙江生态绿茶第一县”和“中国绿茶集散地，全县50%以上农民收入来自茶产业，60%农业产值缘于茶产业。因此，松阳的茶叶种植和加工文化历史悠久，是其特色农耕文化的重要组成部分。随着现代社会生活方式变化以及消费者的需求和品位的日益提升，迫切需要重新整合茶叶资源，探索发展农旅结合发展模式，利用现代技术工艺延长茶叶生产加工产业链以及提升茶文化，从而促进小农户与现代农业的有机融合。

为了提升云上平田民宿的文化品位以及让游客可以更好地体验特色农耕文化，以叶大宝为主的管理团队充分利用山区村民普遍种茶制茶的农耕生产方式以及传统染布手工艺，探索将传统茶叶资源与现代创意艺术有机结合，发展农旅项目。经过前期充分的考察调研，2017年云上平田公司与杭州象限文化有限公司合作创立了松阳云缬文化创意有限公司，并以首个文化创意项目入驻云上平田乡村慢生活区，开设扎染手工作坊传承扎染传统手工艺，并于7月29日举办“松古缬影—传统手工染织文化创意展”。云缬坊的茶染手工艺主要是利用松阳本土绿茶、红茶等茶类的采摘和加工过程中先处理掉的老叶、茶果壳、粗茶梗、加工过程中产生的茶沫、存放时间长变质变味的茶叶、冲泡过的茶渣等提取色素作为染料使用，采取特色的染色工艺及现代创意工艺研发新产品，旨在推出美观、实用、环保的手工文创纺织品，这样既可以提高茶叶的经济价值，合理开发和利用自然资源，又可以促使旅游者在参与茶染手工艺过程中亲身体验传统村落“天人合一”的自然健康的生活方式，有效地激活传统染织工艺的传承与再创造。目前，该扎染手工作坊扎染的主要产品有围巾、方巾、灯彩、服饰拼布画和手绘团扇DIY体验等。

3.将现代民宿经营与传统村落保护发展有机融合，重新激活守望相助、和善宜居的乡村共同体价值

近年来，随着城市居民的“看得见山、望得见水”的“乡愁”情节渐浓以及乡村旅游日盛，越来越多的外来资本开始跃跃欲试进入传统村落发展民宿业，地方政府也欲通过大力发展民宿业推动传统村落的保护发展。然而，如果传统村落的保护发展仅仅是通过发展民宿业，将村里的原住民迁出重新择地安置或者进城定居，虽然修复了老房子、改造了公共设施，但是没有以农耕生产生活方式为根基的乡村生活，这样的传统村落依然只是抽空了乡村共同体价值的“空心化”的仅供游客休闲的民宿。这样的精品民宿也必将失去其独特的乡村魅力，而只是变成坐落在乡下的精品酒店，失去了农耕文化的传统村落只相当于是乡村老房子展示馆，并不能实现传统村落的活态传承和可持续发展。

作为松阳本地乡村长大的返乡青年叶大宝成为云上平田联合创始人后，在经营民宿时，始终在探索将民宿业发展与传统村落保护有机融合的有效途径。在叶大宝看来，活态就是古村的生命，这儿既要有宜居宜业的乡土生活，更要有一以贯之的乡村文脉与文明乡风，守望相助的乡村共同体价值是传统村落活态保护与可持续发展的灵魂。因此，他带领的管理团队在民宿经营中，始终坚持打造乡村生活化的民宿，促使城市居民融入乡村的生产生活中，亲身体验自然生态、淳朴民风以及守望相助的乡村共同体价值。同时，通过民宿项目的引进与发展，既为平田村村民提供在民宿从事服务业的就业岗位，不用离家进城打工，也为擅长农业生产的中老年农民提供了从事特色种养殖产业的平台；既可以增加农业劳动收入，又可

以体验到农业生产的价值和尊严，促使返乡的年轻人逐渐回归，现代民宿业与乡村产业发展相得益彰，最终促进传统村落的活态传承与可持续发展。2016年云上平田管理团队成立了一个由20多位员工的民宿团支部，对接各公益组织做志愿者服务，同时也分组去照顾需要帮助的村民，这批年轻人还在逢年过节时与村里老人一起吃饭，每周为老人提供理发、打扫卫生等志愿服务。2017年10月底，叶大宝在网上发起的公益募捐——“修建江爷爷的老房子”活动，两个多月收到捐款4万余元，他打算利用这笔善款与村里的热心村民共同为住在“云上平田”民宿旁身有残疾的江爷爷维修老房子，改善江爷爷的生活居住条件，同时，优惠价收购老人家自种的各种土特农产品。

总之，云上平田管理团队开展的上述活动，不但吸引了一些中青年村民返乡创业，增添了村里的人气，更重要的是逐步再现了村民们的“家有所乐、劳有所值、老有所养、老有所为”，重新塑造了守望相助的乡村共同体价值。

## 四、松阳县传统村落保护发展的主要实践经验

### （一）将传统村落保护发展作为建设“田园松阳”战略的核心工作

为了贯彻落实十八届三中全会提出的“健全城乡发展一体化体制机制”以及五中全会提出的创新、协调、绿色、开放、共享的发展理念，践行习近平总书记提出的“绿水青山就是金山银山”的发展战略，近年来，松阳县委、县政府基于松阳千年历史文化底蕴，紧密结合县域经济社会发展现状，提出了建设“田园松阳”的战略布局。

通过大量的实地调研，松阳县委、县政府深刻认识到那些散落在松古平原和深山之中的传统村落是承载、彰显“田园松阳”迷人神韵的重要载

体，将传统村落保护发展作为建设“田园松阳”战略的核心工作，按照“一抓等于十抓”（抓传统村落等于抓美丽乡村、抓农民增收、抓公共服务、抓文物保护、抓非遗传承、抓传统教育、抓生态建设、抓旅游发展、抓文化产业、抓区域品牌）的思路，明确以培育“古村落艺术创作胜地、民俗体验胜地、文化创作胜地”为目标，全面推进传统村落活态保护与有机发展工作。

### （二）科学保护发展传统村落，以科学合理规划为先导

传统村落是世代村民在长期的农耕生产和生活中繁衍生息的聚居地，是集山、林、人、水、地等多种要素一体的乡村聚落共同体。因此，传统村落的保护必须要遵照乡村发展和农耕文化的规律进行系统科学的保护发展。2013年10月，松阳县委、县政府通过对全县传统村落全面梳理的基础上，提出以系统性的保护来保证传统村落的古韵长存，紧紧围绕“活态保护、有机发展”原则，制定出台《关于加强历史文化村落保护利用，打造“松阳古村落”品牌的实施意见》。该意见指出，要按照“保护为主、抢救第一、合理利用、加强管理”的方针，通过构建历史文化村落的科学、活态、共赢、合力的保护机制，着力修复传统建筑、弘扬传统文化、打造优美人居环境、营造悠闲生活方式，促使历史文化村落真正成为环境优美、百姓安居、特色鲜明的美丽乡村。同时，聘请专家组织精干力量编制《松阳县传统村落保护与发展总体规划》，有序开展县级传统村落保护利用方案编制工作，把山、林、水、田、人、村作为一个有机整体来科学规划、活态保护和持续发展，充分利用和保护好原生态的自然资源和传统乡村文化底蕴，开展传统村落串点连线成片保护发展和主题化旅游线路规划研究。目前，已编制完成了三十余个传统村落的保护发展详细规划，其余传统村落的保护发展详细规划也正在逐步开展。

### (三)遵循乡村发展规律,活态传承传统村落价值

传统村落的保护发展，首先要将其主要构成要素（山、林、水、田、人等）作为一个有机的生命体来开展活态保护和有机发展，要最大程度保护和利用好传统村落的“道法自然”的农耕生产、“天人合一”的自然生态以及聚族而居耕读传家的乡村共同体的乡风民俗。松阳县在传统村落保护发展工作中充分遵循乡村发展规律，重点开展了“12345”创新实践，活态传承传统村落价值，促进传统村落可持续发展。

“1”是坚持传统村落的活态保护、有机发展的理念。2”是使用两个手法开展传统村落保护发展工作，一是在整体乡村风貌和乡村风味的保持以及乡土建筑的改造和利用上使用最少、最自然、最不经意的人工干预；二是在传统村落保护利用中充分利用本土、原生态、低碳环保材质和废弃建材，充分利用生态环保技术。“3”是在传统村落保护发展中维持原生态的田园风光、维持原真的田园乡村风情、维持原味古朴沧桑的历史感。“4”是确定了传统村落保护发展要做到“风貌完整、舒适宜居、富有活力、人文和谐”的四个目标。“5”是传统村落保护发展要做到五个复活，即：复活传统村落的整村风貌、复活传统民居的生命力、复活传统村落的经济活力、复活传统村落的优良文化基因、复活低碳生态环保的生活方式。

### (四)坚持政府主导、村民主体、新乡贤及社会资本共同参与传统村落保护发展

传统村落既是世代居村村民生产生活的聚落空间，也是社会各界记住乡愁的“精神家园”，更是传统文化的根脉所在，因此，《浙江省人民政府办公厅关于加强传统村落保护发展的指导意见》中指出，要充分发挥各级政府主导作用，将传统村落保护发展纳入当地经济社会发展总体规划。同时，也要充分发挥村民主体作用，保证村民的知情权、话语权、决策权和

监督权，切实维护村民权益。

松阳县委、县政府在传统村落保护发展工作中，明确建立了政府主导、村民主体、新乡贤及社会资本共同参与的工作机制。首先，成立了由县政府主要领导以及相关职能部门负责人组成的传统村落保护利用工作领导小组，并将其与创建省级美丽乡村先进县领导小组、旧村改造提升工程领导小组实行“三合一”联合办公，统筹推进相关工作，建立传统村落保护发展的政策引导、技术支持、资金整合、考核督导等工作机制。其次，在松阳籍新乡贤中广泛招才引智，成立传统村落保护利用专家委员会、专家工作组和松阳古村落文化研究会等，负责传统村落的评估认定、规划评审、技术指导咨询以及学术研讨交流等，有效地推动传统村落保护发展工作。最后，实行以村级组织和村民为自主主体和发展主体，促进传统村落保护与村民生活改善有机协调。一方面，乡镇（街道）都成立由乡镇（街道）干部、农村党员干部、热心村民等参与的传统村落保护工作小组，负责日常保护职责。对日常保护工作情况考核合格的，每个村补助专项工作经费1万—5万元，每座历史文化建筑补助500—1000元。另一方面，挖掘整合传统村落资源，多种形式引导村民参与村落保护以及共享发展成果。政府相关部门将传统村落的活态保护与有机发展相结合，通过引导村民和引进社会资本以入股、捐资、投资、合作开发等形式，开展传统村落的生态农业、乡村旅游业、养生养老等。目前，全县已建成乡村798文化创意园、寨头摄影休闲园以及沿坑岭头、平田、西坑、酉田、杨家堂等一批“画家村”和“民宿村”。

此外，2016年初，中国文物保护基金会将松阳县确定为全国唯一一个“拯救老屋行动”整县推进试点县，计划首期投入资金4000万元，资助开展传统村落保护项目“拯救老屋行动”。松阳县正式启动“拯救老屋行动”项目，出台《松阳县“拯救老屋行动”项目与资金管理办法》，共有224处符合该项目名录的文物建筑被列入拯救范围。截至2017年2

月，全县共有110幢老屋的产权人进行申报，96幢老屋完成方案编制，59幢老屋已开工修缮。通过运用政府财政专项资金予以补助，引导、帮助村民对原有老住房进行修缮、改造，有效地调动了村级组织和村民参与村落历史建筑修缮和村庄保护发展的积极性，形成“拯救老屋行动”与促进村民生活改善、乡村产业发展以及传统村落活态保护与有机发展相结合的共融互促机制。

# 第五章　传统村落价值传承与保护发展的“何斯路经验”

在长期的农耕生产生活中，世代村民们创造积淀了悠久的乡村文化，并使传统村落形成了“道法自然”的农耕生产、“天人合一”的生态和谐、“守望相助”村落共同体以及“天伦之乐”的家庭生活等多元化的价值。然而，城市化、工业化的急剧发展加剧了传统农村衰败或“终结”，一些昔日肥沃的良田或被“种上”楼房或被“抛荒”，往日青山绿水的村庄垃圾遍地污水横流，世代居住的村庄或被整村推进为社区或成为“空心村”，原来其乐融融的家庭变成离多聚少的碎片化的“过年式家庭聚会”，尤其是乡村文化正日渐凋敝，甚至出现“荒漠化”的势态，越来越多的农村陷入可持续发展困境。相反，被越来越严重的“城市病”所困扰的城市居民愈发期望“看得见山、望得见水、记得住乡愁”。

因此，在新型城市化背景下，如何使“农业成为有奔头的产业，使农民成为有尊严的职业，使村民可以过上幸福的生活”？如何传承优秀的乡村文化促进传统文化建设？如何建设美丽乡村与生态文明建设？2013年，国家开始大力推进“美丽乡村”建设，突出农村生态建设和农村文化建设，坚持强化主体、科学发展、因地制宜和整体推进等原则创建美丽乡村。2015年，“十三五规划”中明确提出“树立创新、协调、绿色、开放、共享的发展理念”。2017年，十九大进一步提出要实施以“产业兴旺、生态宜居、乡风文明、治理有效、生活富裕”为目标的乡村振兴战略，为进一步开展传统村落保护以及乡村可持续发展指明了发展方向和路径。

## 一、古村焕发生机

何斯路村位于义乌市城西街道，由于耕地少，交通闭塞，曾是义乌最贫困的小山村之一。改革开放后，村内青壮年陆续外流，人去屋空，垃圾遍地，村庄日益"空心化"，人居环境也每况愈下。2008年初，在湖州经商的村民何允辉经过慎重考虑，义无反顾地返乡投身于乡村建设之中。通过多方动员努力，何允辉组建乡村建设团队，大胆创新，充分立足整合及盘活村庄自然、人文等特色资源，发展薰衣草特色生态产业。通过激发村民的文化自觉，着力传承乡土文化，提升村民文化素养，推进村庄全面发展。如今，何斯路村已成为一个如诗如画般的幸福美丽乡村，百亩薰衣草庄园内常年繁花缤纷，村内人居环境静雅宜人，错落有致的多元化民居建筑……总之，何斯路村历经近十年的乡村建设历程，从一个昔日的贫穷落后的小山村蜕变成为一个宜居、宜业、宜人的"真、善、美"的幸福乡村，并获得国家级"最美乡村示范村""最美田园村"等多项荣誉桂冠，2015年还被评为国家AAA级景区，真正实现了创新、协调、绿色、开放、共享发展。

何斯路村始建于宋徽宗时期，距今已有800余年的历史，这里民风淳朴，理学传家，宗族氛围浓郁，农耕文化悠长。然而，由于受市场经济以及城市化、工业化的冲击，该村所具有的传统农耕文化迅速消失，村落发展举步维艰。2008年，何允辉回村成功竞选村委会主任后，通过组建以新乡贤为核心的乡建团队，立足乡土，推陈出新，重塑乡村多元性价值，从而使乡村文化重新焕发生机，激发出了村庄的内在发展动力。

## 二、建立功德银行，重塑“守望相助”的乡村共同体

中国悠久的农耕文明孕育了丰富厚重的优秀乡村文化，形成了敦风厉俗和守望相助的乡村传统道德体系。改革开放以来，随着工业化、城市化进程不断加快，乡村生产方式和生活方式变化巨大，在各种现代化因素的裹挟之下，乡村“原子化”状态凸显，“守望相助”的村落共同体日渐式微，乡村传统道德的承载基础在无形中逐渐消解，乡村道德出现滑坡，乡情乡味日渐淡薄。传统乡村社会所固有的“守望相助”“积德行善”“耕读传家”等传统道德正逐渐淡化及消失，曾经“远亲不如近邻”乡村共同体的熟人社会逐渐转化为“原子化”的半熟人社会，伦理失范、道德滑坡、为善为和为礼的传统道德秩序在乡土社会中的作用不断被弱化。乡村人居环境也每况愈下，成为“脏、乱、差”的代名词。这一系列相关社会问题严重影响着乡村文化建设，制约着乡村协调和可持续发展。因此，在当前“看得见山，望得见水，留得住乡愁”的文化自觉的社会大背景之下，使人愈发怀念那“乡田同井，出入相友，守望相助，疾病相扶持，则百姓亲睦”的乡村田园生活。

为了重塑“守望相助”的村落共同体，建设美丽幸福家园，何斯路村在村庄建设中首先“治穷先立志”，把提升村民道德素养、改善村风民俗作为乡村建设的首要任务。通过承继积善行德的“敦风厉俗”，创办功德银行，旨在通过引导村民通过开展和睦邻里和淳朴敦厚的乡风民俗、增强互帮互助的共同体意识，创建文明、互助、礼让、共享的新风尚，重塑“守望相助”村落共同体。

## (一)创建功德银行,引导农民文化自觉

### 1. 立足家族传统,创建功德银行

何允辉2008年任职何斯路村主任后，就着手致力于改善村庄基础建设，同时不遗余力地寻找激活优良乡风文明的方式。一次偶然的机会，何允辉接触到“时间银行”这一概念，点燃了何斯路村乡村文明建设的希望。“时间银行”是由美国人埃德加·卡恩倡导成立，主要指志愿者将参与公益服务的时间存进时间银行，当自己遭遇困难时就可以从中支取“被服务时间”。于是，何允辉立足村庄积善行德的家族传统，汲取“时间银行”的形式，在村两委和村里年高德劭的族长以及退休教师等人的共同努力下，创造性地建立了“功德银行”。由村委会设立“功德银行”专用账本，以户为单位设立功德账号，登记于账本中，由德隆望重的退休教师负责记录村民的日常德善之举。每页页眉记录户主的基本信息，随后便密密麻麻地记录着每户成员的德行之举。或是捡拾垃圾，或是捐款赠物，或是孝敬老人，或是帮助邻里，事无巨细，都通过他人或自己上报和事后补充的方式，由负责的老教师一一记录于簿。

虽然“功德银行”成立之初，村民们不以为然，在村内也没有产生预期效果。然而，“其身正，不令而行；其身不正，虽令不从”。以何允辉为领头的村两委始终以身作则，严格要求自己，全身心投身于村庄建设，润物细无声地影响着全体村民以及高度关心何斯路发展的热心人士，使得功德银行的账户不断增加，账本上的记录逐年丰富。

### 2. 引导村民文化自觉,促使功德银行实效化

何允辉年少时期就外出经商，经过十多年风雨打拼，在湖州成立了一家物流公司，事业发展欣欣向荣。回村任职村主任后，何允辉被贴上“老板村官”的标签，村民对其回村意图甚是怀疑，对其倡导的功德银行嗤之以鼻。然而，“为善者不云利”。何允辉家族成员历来乐善好施，史上五代

族人都热衷于村庄祠堂建设和维护工作。为了充分发挥功德银行的真正作用，村两委通过实际行动，转变村民看法，改善村庄风气。看到烟头纸屑，何允辉总会默不作声的弯腰拾起。村庄建设缺乏资金，何允辉毫不犹豫出资支付。村民遇及天灾人祸，何允辉积极鼓励大家为其捐款，并带头募捐大量物资。对于困难家庭或是鳏寡老人，何允辉逢年过节都会登门看望，并送上慰问品。何允辉坚持当困难来临时，要走在乡民前头；当利益来临时，要走在乡民后头。同时，其他村两委成员以及一些在外发展较好的何斯路村人也都尽己所能地为家乡发展做贡献，大力支持村庄建设事业。潜移默化中村民们深受影响，多行德善之举的意识不断苏醒，使村民们逐渐认识到重塑乡土文明的重要性。

成立功德银行，旨在鼓励人们向上向善，营造乡村文明新风尚。在精英的示范和引导下，何斯路村全体村民不断文化自觉，多行善举，多做好事，不断丰富着自己的功德账号，最终为何斯路村树立一座道德丰碑。据统计，自2008年何斯路村建立功德银行以来，设立的功德账号已有219户，记录了村民们所做好事数千件。

### （二）创新管理制度，有效落实功德银行

为了全面发挥功德银行的功能，有着丰富企业管理经验的何允辉创新性将企业管理中的相关制度运用至乡村文明建设之中。例如在功德银行中实行积分制管理，将村民的道德水平与银行贷款等挂钩，进一步推动功德银行在何斯路村的有效落实，将优良传统文化有形化地融入农民日常生产生活，实现活态传承和升华。

#### 1. 引进积分制，依据积分享受福利

经过四年的不断推行，功德银行初显成效，功德账号和功德记录都明显增多。2012年一次村内会议上，村两委决定以功德银行为依据，评选出三位为何斯路村做出杰出贡献的人，并授予一定的物质奖励，以感谢他们

对村民以及村庄发展的无私奉献。先由村两委提名候选人，整理其相关功德并公布，再经村民以不记名的方式投票选出三人，并对其给予优先批发宅基地的福利。这次评选活动不仅给服务家乡的何斯路人极大的精神鼓励，同时也在村内掀起一股乐于奉献、德善好施的风气。

为了弘扬这股正能量的风气，2014年，何斯路村两委将企业管理中的积分制运用于功德银行的管理。根据村民所做功德的性质，将积分划分为1分至3分三个档次，以一年为一个积分周期，由村两委、村监委以及村义工代表共同负责积分的累计和评议，并定期公示村民积分情况。再依据积分排名评选出三名特殊贡献的村民，并给予相应的精神奖励和物质奖励，以此倡导村民广泛学习。积分制的实施将村民们的德善之举进行量化式的统计，便于更直观地呈现，极大地调动了村民参与村庄建设的积极性，发挥村民的主动性和挖掘村民的创造力。

2. 与银行合作，建立功德银行信用体系

功德银行的设立，使何斯路人陆陆续续成为富裕的道德储户，何斯路村的道德信誉在当地也逐渐传播开来，进而吸引了中国农业银行和义乌银行等金融机构主动与何斯路村委会合作，将功德银行与金融银行相结合，建立功德银行信用体系，使何斯路村民可凭借道德信誉换取金融贷款。对于以生产生活而需要贷款的何斯路村民，只要经村两委认定并盖章，即可享受30万元以下无担保、无抵押的低息贷款额度，而衡量村民是否可以享受这一福利的重要条件就是村民的功德记录。正如何允辉所说：“功德银行记录了生活中的点滴小事，无论是孝顺父母，还是捡个垃圾，都会被记入，但如果数年来不曾有过一条记录，只能说明此人德行有问题。”

何斯路村正处于发展的腾飞阶段，村民在生产生活上都急需资金支持。村民们或是陆陆续续地修建自家房屋，以便回乡居住。或是发展住宿、农家乐等相关事业，以提升家庭经济收入。因此，何斯路将道德信誉与金融信贷相挂钩的创举不仅解决了难贷款、利率高的问题，也为村民提供了极大的便利。功德银行犹如一个高透明度的道德法庭，借助民间舆论力量以及相互效仿的影响，有效地激发了村民多行德善之举的意识和道德自律意识，充分发挥了村民投身于村庄发展建设的主动性和创造性。

### （三）发挥功德银行衍生效应，激活乡村全面发展

随着功德银行发展逐渐成熟，这一文化载体的功能在不断丰富。不仅有效地提升了村民素养，改善村庄风气，而且在促进乡村生态文明建设、与世界共享中国优秀传统文化、改善中国乡村的国际形象等多方面均发挥了重要作用。

#### 1. 提升农民环保意识，推进生态文明建设

依托于依山傍水的自然环境以及村庄历史悠久的文化优势，何斯路村正向着集休闲、文化、生态等多特色于一体的美丽乡村方向发展。2008年以来，乡建团队在发展生态产业、复兴优秀乡村文化的同时，高度重视村庄生态环境的改善。于是，村两委大力发动村民力量美化家园，将臭气熏天的两头塘改造成景色旖旎的志成湖。同时，倡导村民多多种植花草树木，并时刻保持自家房前屋后的整洁与卫生。为了进一步提升村庄人居环境，村两委别出心裁地将一棵棵绿植“种”上墙。功德银行的储户们自发认领这些绿植，负责日常浇水修剪之工作。村民绿化环境、美化生活的点滴行为都会被记录于功德账簿之中，这又激励着村民坚定不移地践行生态文明理念，也为村内垃圾分类回收制度的有效实施奠定了重要基础。2013年，何斯路村自发的推行垃圾分类回收制度，将生产生活的垃圾按腐烂与否的标准归类放置。经过全体何斯路人孜孜不倦的努力，让在部分城市社区都难以有效推行的垃圾分类回收制度在这个偏远的小山村内成效明显。

仔细翻阅功德银行的账簿，我们不难发现几乎每位储户的功德记录中都有着与公共卫生维持或生态环保相关的事迹。在何斯路村的生态文明建设过程中，受功德银行影响力的推动，环保意识早已深入何斯路人的骨子

里。每一位何斯路人都严于律己，不乱扔垃圾，整理好房前屋后的卫生，随手捡拾纸屑烟头，积极清扫路面杂物，热心打捞湖中漂浮物，主动清理庄园卫生，严格分类垃圾，等等。村民们用自己的实际行动践行着乡村生态文明建设的理念，推动着乡村生态文明建设的进程，真正实现天人合一，做到人与自然和谐共存。

2.提升农民文化素养，深化乡风文明建设

自建立功德银行以来，村民们严于律己，和睦相处，其文化素养不断提升。上至耄耋老者，中有青壮年女，下至垂髫小儿，无不向着“存好心、做好事、说好话”的“三好”村民而努力。退休教师何樟根常年无偿性的负责村内老年电大的相关事宜，通过电大的课堂向村内老人介绍健康养生、生态保护、传统文化等相关知识，一定程度上提升了何斯路村老人的文化素养。村内不求回报服务乡村建设的老人比比皆是，老人们精神抖擞，争相奉献，或是负责村老年协会的相关活动，或是义务管理功德银行，或是无偿管理文化礼堂，积极发挥自身余热。同时，家乡发展逐渐起色以及功德银行影响力的不断提升，吸引了一些年轻的何斯路人回来参与家乡建设，他们彼此间相互协调合作，捐钱捐物，出谋划策，共同为何斯路的美好明天而努力。此外，村内每年举办夏令营活动，广泛吸收村内义工参与活动的组织与规划。义工们积极投入，通过多项寓教于乐的文化教育活动将德孝、和善、勤俭等传统文化带入课堂，提升了青少年的文化素养，培养了青少年良好的道德情操。而义工们热心奉献乡村教育事业的行为也在他们心中播下的种子，在潜移默化中引导他们成长。

与之前相比，昔日冷清落寞的村庄逐渐被何斯路人相亲相爱、乐行德善之举的心所温暖。虽然功德银行只有几本账簿、几位办事人员，但却淋漓尽致地呈现了何斯路村和睦友爱、团结奉献的乡村风气，生动形象地展现了何斯路人的美丽心灵。

### 3. 多种形式并驾齐驱，推进乡村协调发展

改善村庄卫生并非难以实现，然而要想真正改变乡民素养却需要相当漫长的努力。没有稳定的经济支撑和文化支柱，乡民素养难有突破性的提升，乡风文明建设也无法有效地长远推进。因此，何斯路村两委始终高度重视顶层设计，秉持“产业先行，人文并重”的原则发展村庄。

在经济上，何斯路村大力发展生态产业，建立龙溪香谷薰衣草庄园和斯路何庄，拓展薰衣草系列产品，致力于打造“长三角的普罗旺斯”，发展生态观光旅游。举办何氏家酿曲酒节带动村内黄酒产业发展扶摇直上；建立山地自行车集训中心，吸引多元游客观光，实现一二三产业有机融合发展。在文化上，重视青少年教育，关注老年人文化养老，并且注重村庄文化传承。2009年，村内开启“十年百万育才计划”，由何斯路村两委发起，村内退休老教师和大学生等义工具体实施，每年暑假开展为期15天的夏令营活动，通过国学教育、兴趣培养、短期游学等寓教于乐的教育活动，提升青少年的文化素养和家乡认同感。同时，积极发挥老年大学的作用，通过课堂培训、娱乐活动、短途游学等多样活动，实现“老有所养、老有所乐、老有所为”。此外，何斯路村两委吸引专注国学教育的“不二山居”“霏迩书院”和“随园”等文化机构入驻村庄，使曾经遥不可及的国学文化接地气地融入村民日常生活。何斯路村还创新性地将何氏祠堂的部分空间改造成文化礼堂，丰富祠堂内容和祠堂功能，在文化娱乐中了解村庄文化，强化村庄共同体意识。将燕子坳古民居改建为弘扬传统乡村文化和传承非物质文化的文化基地，让何斯路人在多元文化的浸润中成长为有文化的人。通过发展多元化产业垒实村庄经济发展基础，充分利用各种形式和公共空间传承和发展乡村文化，壮实乡村文脉，再加上功德银行潜移默化的影响力，何斯路村呈现出生生不息、协调永续发展之势态。

### （四）充分利用大众传媒，弘扬优秀传统文化

现代社会是一个信息化时代，电视、互联网等已是传播信息的重要媒介。而何斯路村的飞跃发展及其独树一帜的功德银行逐渐吸引了众多的新闻媒体的关注，并受到国内外新闻报刊以及电视台的报道。《义乌商报》《钱江晚报》《浙江日报》、义乌电视台、浙江电视台、中央电视台、新加坡电视台等多家新闻媒体热切关注何斯路村，并对功德银行的社会价值给予高度肯定。2014年，何斯路村的新闻登上《新加坡联合早报》，随后还被《法国侨报》《欧洲时报》等国际报刊转载引用，报道中强调功德银行塑造了一个价值共同体，不仅使何斯路摆脱了贫困，更形成了何斯路村的乌托邦式的生活环境。众多新闻媒体的关注加快推进了功德银行的广泛传播，吸引大量村庄前往何斯路村考察学习。国内外媒体对功德银行的广泛认可又进一步激发了何斯路人的文化自觉，使何斯路人严格自觉要求自己，积极向功德榜样看齐，弘扬优秀中国传统价值观和社会正能量。

在熟人社会的作用下，功德银行以一种有形的方式将无形的优良传统文化呈现出来，深入挖掘传统文化之精髓，改善乡村风气，凝聚民心。并通过借助报纸、电视、网络、微信等大众传媒的文化传播功能，将何斯路村乡风文明建设之创举带出村庄，带向全国，带向全世界。在国际范围弘扬中国乡村优良的道德文化体系，获得世界华人的普遍认可，使乡土文化在多元文化碰撞的国际大环境中得到有效传承。

## 三、创新教育载体，重现“耕读传家”的乡村文明

### （一）“后撤点并校时代”的乡村教育与文化传承之路

传统乡村社会的村民们在长期从事传统农耕生产和聚族而居的乡村生

活中，逐渐形成和积淀了耕读传家之风、淳朴敦厚之俗。家庭内部秉承家规族训言传身教，使晚辈知孝悌、遵伦理、重亲情；宗族内部乡绅广捐“学田”“族田”设立私塾传道授业解惑；村落内部以乡风民俗、乡规民约为载体教化和约束村民守望相助以及和睦邻里。民国初期，由地方政府、乡建知识分子、民间团体和乡绅等大力推行“文字下乡”，有力地推动了乡村学校教育的发展和乡村文化传承。新中国成立以后，各级政府更是大力发展农村扫盲教育和基础教育，大大提高了农村居民的文化教育素质，有效地促进了农村经济社会发展。然而，随着工业化、城市化进程不断加快，20世纪90年代后期政府开始实行农村教育改革而大规模“撤点并校”，导致“文字上移”以及乡村学校教育“终结”。同时，随着农村大量劳动力外出进城打工，导致家庭“碎片化”和村落“空心化”，家庭教育功能逐渐弱化，村落共同体道德教化价值日渐式微，大量村落或被解体或被“终结”，乡村文化传承和发展面临荒漠化和断根化。因此，我们要思考，乡村教育的出路在哪里？作为中华优秀传统文化之根及主要载体的乡村文化该何去何从？久居城市的市民们的“乡愁”和依然生活在农村的留守村民的“精神家园”该情系何处？

何斯路村地处浙江省义乌市偏僻山区，曾经是一个贫穷落后的小山村，改革开放以来，随着义乌市商贸经济的迅速发展，越来越多的村民离村经商办厂，村内愈发萧条破败。但自2008年以来，随着以何允辉为代表的一批新乡贤返乡创业，立足乡村文化，重振乡村教育，提升村民文化素养，通过激发村民文化自觉，充分整合村庄特色资源，全面推动村落可持续发展，将这个昔日贫穷落后的小山村逐渐蜕变成为一个宜居、宜业、宜人的“真、善、美”的幸福乡村，并先后获得“浙江省文化示范村”“中国美丽田园村”“全国十大生态村”“浙江省3A级旅游景区”等荣誉称号。回顾总结何斯路村的重振乡村教育与传承乡村文化之路，可以用“‘何’风润心田，斯路传薪火”来概括，即立足乡村文化，不断创新乡村教育载体，以“老年电大”“功德银行”“文化礼堂”“十年百万育才计划”等为载体开展一系列乡村文化教育活动，充分发挥村民的主体性和参与性，激活村民的文化自觉，传承优秀传统文化，重塑文明乡风，引领积极向上的乡村公共生活，共同打造村民的精神家园。

### （二）依托废弃小学校创办老年电大，再现桑榆“炳烛之明”

何斯路村是有八百多年历史的古村落，积淀了悠久丰富传统乡村文化，这里民风淳朴，理学传家，宗族氛围浓郁，农耕文化悠长。改革开放以来，村庄大部分劳动力都离开村子外出经商办厂，村中留守老人越来越多。2000年左右，村内小学被撤并，家长们逐渐将孩子们带到城里就学，使得村内人气骤冷，越发萧条。“碎片化”的家庭和“空心化”的乡村导致留守老人们更加缺少情感上的慰藉，精神更加空虚，独守孤寂“夕阳”。于是，怀揣重塑“桃花源”乡村幸福生活憧憬的何允辉自返乡担任村委会主任开始，就积极动员村里的退休小学校长何樟根、老年协会会长何允法等热心公益的村民，利用村里闲置的小学校舍创办村老年电大和老年协会，为全村老年人开展养生、保健、文化娱乐、时事政策等一系列活动，并向老年人宣传村庄建设方案和相关政策，发动其积极参与到村庄各项建设活动中来，让村里的老人们再现桑榆“炳烛之明”，真正实现“老有所养、老有所乐、老有所为”的夕阳红。

#### 1. 开展丰富多彩老年活动，实现老有所学和老有所乐

为了让老年人能够拥有一个幸福安康的晚年生活，何斯路村通过改造闲置小学校舍为老年人营造一个优美舒适的学习娱乐环境，为老年电大教室配备彩电、扩音机、麦克风、空调等，对村内文化广场的音响等进行换装升级。为满足何斯路村老年人的精神文化生活需求，以何樟根老师为主体的新乡贤根据老年人的文化基础和实际需求，采取以课堂讲授的形式向村民传授相关知识。授课内容十分广泛丰富，主要包括组织老年人学习书

法、国画、诗词等传统文化、养生保健教育以及各项文体活动等。例如，每月逢农历二、五、八在文化广场组织老年人打太极拳。每逢节假日，老年大学都会组织老年人开展一系列适合老年人的活动和趣味比赛，如为庆祝元旦开展“击鼓传球”游戏活动，通过有奖猜灯谜的方式寓教于乐。每年春节时，在何氏宗祠举行谢年仪式和宗族祭祀活动，由德高望重的老族长老干部老教师等主持仪式，老年锣鼓班敲锣打鼓增添节日热闹的气氛。同时，每逢新年之际，村两委还为老年人举办新年聚会，由村里妇女代表自筹资金开展为老年人包水饺等敬老爱老活动，一些村民也自发地为老年人送上关心问候和礼物，村两委还会给老年人发放一些生活日用品，让老年人感受到过年的喜悦和共同体的温暖。在村两委的积极引领下，通过老年电大和老年协会开展有针对性的文体活动，不但促进了老年人的身体健康，而且丰富了老年人的精神文化生活，全村逐渐重现尊老敬老爱老之风，从而使得老年人真正地实现了老有所养、老有所学、老有所乐和老有所为。

2.动员老年人参与“美丽乡村”建设，促进老年人老有所为

为了让村里的老年人能够切身感受到国家经济社会发展的巨大变化，尤其是各地“美丽乡村”建设的成就，自2008年以来，何斯路村每年都要积极筹措资金，精心组织老年人外出参观旅游，先后去过杭州、无锡、苏州、南京、北京等城市。大多数老人从未出过远门，这种长途外出旅行既让老人们饱览了祖国的美丽山河，又开阔了视野，充实了晚年精神生活。同时，还组织老年人就近参观到一些“美丽乡村”建设的示范村，先后去过义乌市赤岸镇莱山村、后宅李祖村、阳山畈、庐茨等新农村参观考察，让老人们更加直观真实地感受到新农村建设所取得的成果，激发了老年人积极参与“美丽乡村”建设的热情。例如，在村里所开展的环境卫生整治中，村两委和老年电大积极动员一些德高望重的老党员老干部等组建了一支文明卫生义务劝导队，对村民房前屋后的卫生状况进行定期检查和劝导

等活动，有效地改进了村民们的卫生习惯，杜绝了村民乱堆乱放的行为，提高了村民们的环境卫生保护意识。为了在村里推行垃圾分类，首先将此项活动纳入老年大学课堂内容，向老人普及相关知识，逐渐培养村民保护生态环境的意识。在2009年“甲流”盛行期间，老年电大积极开展相关宣传活动，例如利用上课时间对老年人开展口头宣传，平时提高村内广播、专题黑板报、张贴标语等形式宣传相关防病知识，组织老年人打扫环境卫生，进行灭蚊工作。在每年村里举办的何氏家酿曲酒节、生态旅游节以及青少年夏令营等活动中，老年电大和老年协会的主要骨干都承担了重要的工作。老年电大不仅为自己家乡新农村建设做出突出贡献，还向弱势地区伸出援助之手。此外，老年电大还积极组织老年人参与社会公益事业，例如组织老年人为2008年汶川大地震捐款3000多元。

十多年悄然过去，通过老年电大和老年协会，村里的老年人通过学习，不但提高了自身的道德素养，增强了自我保护意识和能力，以达到健康长寿之目的，而且通过外出参观旅游开阔了视野，通过发挥余热积极参与“美丽乡村”建设，增强了文化自觉和文化自信，获得了充实的成就感和幸福感，让老年人真实地感受到“莫道桑榆晚，为霞尚满天”的“最美夕阳红”。尤其是通过老年人的身体力行和言传身教，为其成年子女和年幼的孙辈们树立了积极道德教化和示范作用，从而为何斯路村的“美丽乡村”建设重聚民心、重塑乡魂塑造了非常宝贵的精神动力。

### (三)推陈出新乡村文化建设,重构村民“精神家园”

随着乡村“原子化”和“空心化”之势日趋加剧，原有传统乡村公共空间不断荒废或挤占，乡村公共文化组织管理机制不断弱化，乡村文化日趋“荒漠化”或“断根化”。近年来，浙江省委在“建设美丽浙江、创造美好生活”的战略部署中提出，要让人民过上“物质富裕、精神富有”的美好生活。为了让农民在“身有所栖”后“心有所系”，2013年，浙江省开始推进农村文化活动，动员各地农村利用村庄闲置的祠堂、村小校舍以及村办公场所等，开展文化礼堂建设，打造村民“精神家园”。

1. 合理布局公共空间，传承乡村传统优秀文化

何斯路村积极整合利用村内的现有物质资源和人力资源，开展文化礼堂建设。鉴于村内公共建筑空间狭小及公共用房紧张现状，村两委经过充分民主协商，决定将何氏宗祠改造成为文化礼堂。在保留祠堂原有的遵祖重孝等道德教化功能以及遵循实用性与多功能性原则的基础上，按照农村文化礼堂建设的主要内容要求和规范，采用现代化多媒体等手段，使得宗族祠堂保护与文化礼堂建设相得益彰，打造出独具特色的村民“精神家园”。

何斯路村的文化礼堂是充分展示村庄历史变迁发展以及乡村文化的大舞台。通过对文化礼堂的合理布局，让村民以及外来游客身临其境地感受到浓郁的乡土文化气息。首先将原本闲置的何氏宗祠前厅改建成国家相关政策及村情展示区，以图文并茂的展示牌或照片的形式让村民了解何斯路村的发展历史以及现在的新农村建设等相关内容。文化礼堂的中厅正中间安放供桌并悬挂何氏始祖画像，保留了祠堂原有的遵祖孝道等道德教化功能。文化礼堂中厅两侧墙上，分别陈列着村内近年来评选表彰的道德模范村民照片及其事迹，切实提升了道德感染力。另外，在中厅两侧各放置一台触摸屏一体机，以现代化的方式更加直观地展示了何斯路的历史、乡村文化、生态景观等。文化礼堂后厅为农耕文化展示区，通过依托村内大量传统农具和传统生活用品，将农耕文化所蕴含的精华思想和优秀文化品格呈现给村民。文化礼堂由村里安排专门人员值班，主要是向来村里游览参观的游客介绍村里的悠久历史文化和乡风民俗等。文化礼堂还开展日常性的文化活动，如过年时在祠堂中举办成人礼、新生儿入谱仪式，新学期开学时举办新生启蒙礼，重阳节举办尊老敬老仪式等。

此外，何斯路村还通过深入挖掘村民长期以来酿制黄酒的民俗文化，

举办何氏家酿曲酒节，激发村民积极参与黄酒酿造技术及民俗文化传承。在黄酒节上，邀请专业品酒师对村民自酿的黄酒进行评比并给予相应奖励，村民酿制的黄酒统一由村内的斯路何庄酒店销售给进村游玩的游客，逐渐形成了何氏曲酒佳酿品牌效应。通过举办黄酒节，有效地鼓励了全体村民重新开始酿造黄酒，不仅拓宽了村民的收入来源，而且使何氏黄酒民俗文化得到了活态传承。

2. 推陈出新乡村文化建设，重构村民“精神家园”

何斯路村将文化礼堂作为传承乡土文化和开展乡村教育的新型载体，积极开展丰富多彩的乡村文化活动。首先，为弘扬何斯路村自古以来便有的“百善孝为先”孝道文化，也为纪念先祖和秉承“耕读传家”等族训，村两委依托文化礼堂每年都会举行祭祖仪式、尊老敬老仪式、新生儿入谱仪式以及成人礼等仪式。同时依托文化礼堂开设“斯路大讲堂”，结合“十年百万育才计划”夏令营或冬令营的活动，给村里的中小学生不定期开设道德经、弟子规等课程。通过开展这些传统仪式和学习活动，让村民尚德、明理、懂孝，更好地领悟乡村优秀传统文化，增强村民的集体共同体意识。另外，为丰富村民的文化娱乐生活，村两委积极支持老年电大将村里原来的锣鼓班重新恢复起来，鼓励广大村民积极参与其中。老年电大校长何樟根带头组建了老年人太极拳队和妇女秧歌舞队，吸引更多的村民积极参与到丰富多彩的文体活动中来。

何斯路村在保护何氏宗祠的基础上，通过有机融合公共空间，建设独具乡村特色的文化礼堂，不仅使村内公共空间得到了充分合理的利用，也促进了传承乡村优秀传统文化与弘扬现代主流文化的有机融合，重构了村民的“精神家园”，有效地推动了乡风文明建设，为复兴乡村教育与重建乡村文化教化价值奠定了坚实的基础，有效地促进了村民们对于乡村传统文化传承与创新的文化自觉和文化自信。

## (四)传承“耕读传家”之风,推行“十年百万育才计划”

昔日传统乡村社会，村民多秉承“耕读传家”之风，族内乡绅以“学田”“族田”设立私塾，尊师重教。新中国成立以后，各级政府高度重视农村基础教育，农民文化教育素质不断提高。然而，2000年以来，随着农村大量劳动力外出务工、农村撤点并校等变化，许多农村家庭开始“碎片化”，乡村文化逐渐凋零及断根，“耕读传家”难以持续。为了重塑家庭的“天伦之乐”以及培育新生代村民，2008年，何斯路村就制定了“十年百万育才计划”，每年拿出一定经费，作为村里未成年人开展各种教育活动的经费，并通过村两委与村老年电大和老年协会的精心筹划，通过开展丰富多彩的文化活动，将乡村文化之“何”风滋润少儿心田，促进乡村文化薪火相传，培养新生代村民。

### 1. 立足乡村传统文化,复兴村落共同体的道德教化价值

近年来，随着义乌商贸经济迅猛发展和城市化进程不断加快，乡村传统文化正遭遇着前所未有的冲击和传承危机。因此，何斯路村在“美丽乡村”建设中，首先是立足乡村传统文化，结合本村悠久厚重的特色乡土文化开展传统文化教育。例如，村两委充分利用何氏宗祠的空间设立古旧农具陈列室，包括水龙，水车、舂米槽、石磨、耕犁等老式农具，在每年夏令营期间专门组织小营员们参观农具陈列室，让村里的未成年人了解农耕文化。同时，夏令营还通过开展农事体验活动提高青少年对农村的认知度，如让青少年进行一些挖土、播种、施肥、锄草的农业生产活动。在冬令营期间组织小营员们参与何氏黄酒的酿造活动。

何斯路村的“十年百万育才计划”，十分注重对村里未成年人思想道德素质的教育，因为只有品行端正，为人忠诚的人才能担当得起建设美丽家乡的使命，才能推动社会的发展。例如，2013年夏令营的主题为“爱家乡”，开展何斯路村史村情、新农村建设历程的讲座，并带领小营员们参

观村中各景点及文化礼堂，切身感受村庄的发展变化，以增加他们对家乡的热爱和认同；同时，开展唱红歌，参观爱国主义教育基地——陈望道故居等活动对未成年人进行爱国主义教育。为了对未成年人加强感恩和孝德教育，村两委以村“功德银行”为载体，以“大公无私为主线”，夏令营的主题2014年为“大爱无疆”、2015年为“和风润心田”、2016年“斯路传薪火，春泥育新人”。在夏令营期间，通过开展感恩孝道为主题的故事会、讲座、演讲比赛，以及以实际行动表达对父母、家乡、社会的感恩等活动，引导未成年人知孝理、讲孝德、践孝行，让青少年树立起感恩奉献意识以及立德做人和立志做事的价值观。

2. 丰富乡村教育，培育乡村新生代接班人

何斯路村的“十年百万育才计划”，十分注重村里未成年人的综合素养提高和全面发展。在每年的夏令营期间，为培养和提高未成年人良好的身体素质，安排了一系列的强身健体活动，例如，开展晨跑和太极拳培训，积极联合来村里开展国学教育的霏迩书院对小营员们进行武术指导。定期组织一些户外拓展活动，例如，通过在望道森林公园举行野炊活动、赴赤岸莱山村去学习游泳和漂流以及登山行军等活动，让小营员们感受人与人之间在困境中相互依存、相互帮助的团队协作精神。根据小营员们不同的兴趣爱好，成立书法、美术、音乐、手工、游泳等兴趣小组，培养他们广泛的兴趣爱好。为了开阔村里未成年人视野，亲身感受祖国日新月异的巨大变化，每年夏令营都会组织营员们外出游学，例如，参观上海世博会、杭州科技馆、浙江城市大学、厦门大学展览馆、北京博物馆等。小营员们通过丰富多彩的参观游学活动不仅培养了的独立人格和责任担当意识，而且开阔了眼界，受到了多元文化教育。

十多年来，何斯路村“十年百万育才计划”通过开展传统道德教育、农耕文化以及寓教于乐的丰富多彩的文化素质教育活动，逐渐培养了村里未成年人良好的道德情操，使他们的综合文化素养不断提高，从而为何斯

路美丽乡村建设培育了兼顾传统文化与现代文明于一体的新生代村民。

## 四、立足乡土文化，再造和谐幸福乡村

传统村落的保护发展既要通过多种形式将优秀的传统乡村文化活态传承下来，同时又要适应现代社会发展以及满足村民现代化生产生活方式的需要，只有这样才能是传统村落在保护中发展以及在发展中得以有效保护。乡村教育的复兴不仅在于依托传统的教育载体有效地传承固有的乡村本土文化，同时也以“扬弃”的态度积极兼容并蓄外来现代文明的滋养。何斯路村在村庄保护发展中坚持立足乡土文化与多元文化包容共存的原则，既挖掘保留传统乡村的土色土香的本土文化，也将现代文化元素吸收到乡村发展中，从而使曾经萧条的小山村百花齐放，呈现出一派欣欣向荣之象。

### (一)村庄改造中兼容传统与现代民居，保留乡土本真

与其他新农村建设示范点的整齐划一、风格统一的民居建设不同，何斯路村两委在村庄民居的规划建设中，充分尊重村民的家族传统和个人喜好及实际需求，在符合村庄总体规划以及相应规章制度的前提下，给予村民更多选择的空间，允许并提倡村民多元化的民居建筑。同时，允许村民适当保留家禽养殖，将乡村固有的原汁原味乡土特色保留下来。目前，村内既有古色古香的传统民居，也有青砖黛瓦式的现代徽派建筑，更有现代洋房。不同时代的多样化的民居以及村民们本真的生活方式使何斯路村成为一个活态的乡村博物馆，既可以使村民们舒服地过着幸福生活，又可以让外来的城里人“看得见山，望得见水”以了却那份浓浓的乡愁。

### (二)并蓄本土与外来文化,实现传统乡村价值的活态传承

随着何斯路村“幸福美丽乡村”的美誉不断远扬，众多外来人士慕名而来，期望在这片净美之土上寻求宁静的“精神家园”。2014年，来自乌克兰、马来西亚、韩国等在义乌经商的外国人来到何斯路村租住民房居住。这些外国友人也与村民们一样喜爱村里的一草一木，异域文化与乡村文化水乳交融。一对居住在村里的韩国夫妇向房东学会了酿制黄酒，并带着自酿的黄酒参加了第五届何氏家酿曲酒节，获得了二等奖。2015年，专门从事国学文化教育与推广的“不二山居”“霏迩书院”和“随园”等机构也逐渐扎根何斯路村，使村民们在村里就可以接触体验到高雅的国学文化，而在即将实施的村庄规划中，村两委决定将现在的燕子坞古民居群，改造成为弘扬传统乡村文化和非物质文化的传承基地，引入一些国家级非物质文化遗产传承人入住村内，让他们专心从事非遗文化的传承与保护，也借此筑巢引凤，让村民们有更多的机会接受优秀传统文化的熏陶。

## 五、传承再造乡村价值,建设美丽乡村

近年来，随着国家各项支农惠农政策的有效实施，农民生活水平得到了显著的提高。然而由于种种原因，农村人居生态环境却不断恶化，耕地污染、河水发臭、垃圾围村、杂草丛生、人去楼空、田园荒芜等问题日益凸显。面对资源约束趋势、环境污染严重、生态系统退化的严峻形势，我们必须树立“尊重自然、顺应自然、保护自然”的生态文明理念，把生态文明建设放在突出地位，为人民创造良好生产生活环境。同时，为了“看得见山、望得见水”以及“记住得乡愁”，必须要建设美丽乡村以及留住优秀传统乡村价值。而建设美丽乡村必须以乡村价值为依托，以生态建设为基调和主线，促进乡村经济社会文化等的可持续发展。

何斯路村曾是一个贫穷落后的小山村，自2008年以来，该村在村两委的带领下，始终践行生态文明理念以及秉持“真善美”的原则，遵循“产业为先、人文并重、协调发展”的理念，实行村级集体经济股份制改造，着重发展村庄产业和文化，同时注重生态等其他方面的发展，积极发挥村民力量，有效地促进了村庄的全面协调发展，实现全体村民共享发展成果。

## (一)立足乡村自然肌理,回归乡村原本真

改革开放以来，随着“队为基础、三级所有”的政社合一的农村管理体制解体，村民的家庭自主性意识不断增强，村庄公共生产生活空间逐渐被蚕食和挤压，村内的主干道越来越窄、垃圾越来越多、人居环境越来越差。为了改变“脏乱差”的人居环境，何斯路村采取“一路二居三致富”的治村思路，坚持乡村本色和自然肌理的原则，立足于村庄现有格局，围绕“自然洁净”做文章，尽可能地保留乡村风貌，充分尊重村民意愿，调动村民们的参与积极性，打造原汁原味的美丽乡村。

### 1.整治“脏乱差”的人居环境,凝心聚力谋划发展

一是整治村内道路，解决村民出行难问题。原先沿街的村民们经常会在自家门口堆放杂物，使本来就很窄的道路变得更窄，严重影响了村民的出行。村两委经过充分讨论，决定依据原先村庄道路，整治建设便于村民出行的主干道。为了有效解决道路建设中涉及村民的庭院及宅基地权益纠纷问题，村两委制定出土地产权合约，约定沿街村民因修路被占用土地的产权不变，只是由村集体拓宽道路和绿化。新建的主干道以及路边的自然绿化与村内原有的古树和民宅相映成趣，呈现出一派生机盎然的乡村景象。

二是为了满足村民改善居住条件的需求，在不违反农村建房相关规定及村庄规划的前提下，充分尊重村民意愿，允许他们建造自己喜欢的房

子，这样既可以让村民得到实实在在的优惠，又能形成民居的多元化。同时，积极鼓励村民将房子改造与人居生态环境整治相结合，充分彰显乡村建筑的多元化和实用性特色。此外，村两委还对困难家庭的危旧房加以修缮改建或集中安置，如将21户住房特困户集中安排在两头塘的东岸统一建房，对一些影响村容村貌且无历史保护价值的破旧房进行拆除，等等。

2. 美化绿化人居环境，提升乡村生态风貌

一是对村内池塘的改造美化。以前，村民不注意环境卫生，习惯将生活垃圾倾倒在村内的两头塘和牛食塘边，并在池塘边建猪圈牛舍，导致水塘水质不断恶化，臭气熏天。在村庄环境整治中，村两委决定将两头塘及周围环境改造成志成湖风景区，建设休闲会所，发展休闲旅游。同时结合村口景观形象设计，将牛食塘周边改造成公园，并在村中心新建休闲广场、儿童主题公园，为村民创造了一个舒适休闲的新场所。

二是充分发动广大村民参与村庄美化、绿化工程。村民们在自家门前屋后或砌筑花坛、或悬挂花篮，形成了“花开满院”“绿植上墙”“一户一景”特色。除此之外，村两委还积极发动村中退休教师和大学生用漫画、水墨画、书法等形式，将农耕生产、生活习俗、自然生态等在民居墙体上形象地描绘出来，淋漓尽致地展现出乡村传统文化、民风民俗以及山清水秀的人居环境。

## （二）遵循乡村生活方式，创造宜居幸福生活

传统乡村的世代村民们遵循“回归自然”“勤劳节俭”“天人合一”以及“耕读传家”的生活理念和生活方式，然而，随着城市化和工业化的冲击，乡村生活方式也越来越城市化了，在追求舒适、便捷以及“消费主义”的生活方式中，也导致乡村垃圾遍地、水体污染以及不健康的生活方式等问题。何斯路村在美丽乡村建设中，始终传承和遵循乡村生活方式，采取多种形式，创造宜居幸福生活。

1. 遵循"回归自然"和"勤劳节俭",建设低碳绿色家园

为了洁净村庄人居环境，何斯路村于2013年开始推行垃圾分类回收制度，采用村民容易理解和接受的方式，将垃圾按照可腐烂与不可腐烂两类进行区分，不可腐烂的垃圾由专门机构集中处理，腐烂类垃圾经过专业化处理变成有机肥。这种垃圾分类回收制度不仅有效地保护了人居环境，同时也为村民种植粮食和蔬菜田地提供了优质的有机肥料，真正实现了“回归自然、循环生态”。尽管村里所用的水都是来自山泉水，但是村民们依然节约用水，例如将洗衣服的水收集起来用来洗拖把，最后再拿去冲厕所，洗菜的水用来浇树和菜地，实现了水资源的再循环利用。

2. 遵从"天人合一"和"耕读传家",造就宜居幸福乡村

何斯路村在美丽乡村建设中，既十分注重保存和修缮传统民居和祠堂等古老建筑，也充分尊重村民意愿新建层楼叠榭的现代洋房。传统院落与新式民居相映成趣，再加上青山绿水古树，形成了山环水抱、山水与建筑的和谐相融的“天人合一”乡村宜居环境。

为了乡村优秀传统文化能得到更好的凝聚和传承，何斯路村还因地制宜积极开展乡村文化礼堂建设，并将文化礼堂与何氏宗祠有机融合。因为祠堂作为村内主要的公共空间，本身就具有文化的传承和教化等多功能。通过在文化礼堂举行“成人礼”“新生儿入谱”“汉字比赛”“斯路讲堂”等文化活动，既有效地传承了乡村优秀传统文化，又丰富了村民的精神生活，从而成功地营造了村民们的精神家园。

## (三)促进三产有机融合,重振乡村生态产业

面对工业化、市场化的激烈竞争，单一依靠弱质性的传统农业无法使村民安居乐业，乡村也难以可持续发展，片面地发展工业也只能加速乡村的衰亡。因此，在工业化、城市化发展中，美丽乡村建设必须要立足乡村特色资源，动员和凝聚乡村内源式发展力量，才能充分挖掘和发挥乡村综

合多元性价值，进而促进乡村可持续发展。基于乡村发展传统工业带来的负面影响，何斯路村两委确定了立足乡村特色资源、以乡村文化传承为核心、促进一二三产业有机融合发展的美丽乡村建设之路。

1.立足村庄耕地资源，发展现代特色农业

村两委通过前期的多方考察，决定利用村中的抛荒耕地，围绕薰衣草为主题，将薰衣草种植、加工及旅游融合发展。薰衣草的观赏价值及其代表“等待爱情”的花语，可以在花开的季节吸引城里年轻人来观光游览及拍婚纱照等。另外，薰衣草还可以被提炼成精油等深加工开发，经济效益可观。经过连续几年的探索试种，何斯路村成功种植出了一百多亩的薰衣草，从而使该村成为远近闻名的“义乌普罗旺斯”。发展薰衣草特色产业不仅很好地保护了原生态自然环境，有效地利用了耕地资源，美化了村居环境，更重要的是走出了一条立足乡村特色资源，发展农业特色产业，促进乡村可持续发展之路。

2.传承悠久民俗，发展黄酒产业

特色乡村民俗是乡村传统文化的重要组成部分，但伴随着乡村传统文化的式微，民俗文化传承难以为继。何斯路村为了大力弘扬和传承悠久民俗，开始着手深入挖掘村庄悠久的酿酒民俗，重新传承黄酒文化。

何斯路村历来就有年底家家户户酿制黄酒的民俗，采用山泉水和自产的糯米等原材料，纯手工酿造黄酒，酒味甘醇、色如琥珀，曾经是村民收入的主要来源之一，也是村中的特色传统产业之一，但是随着市场经济的发展，黄酒酿制产业逐渐萎缩。自2008年开始，村两委动员有经验的村民采用传统工艺开展黄酒酿制，并举办何氏家酿曲酒节，邀请专业人士对村民自酿的黄酒进行评比并给予相应奖励。每年的黄酒节上，外来的游客络绎不绝，村民们酿制的黄酒供不应求。通过游客的口碑和媒体宣传报道使何斯路黄酒逐渐形成品牌效应。黄酒产业的发展不仅有效地增加了村民收入，更有效地发挥了老年人在传承传统农耕技艺和民俗文化中的价值，从而促使传统乡村文化技艺得到了活态传承。

3. 整合村庄综合资源，促进乡村三产融合

美丽乡村建设既要建成美丽的村庄，更要使村民过上幸福的生活。2016年的中央一号文件指出，农业产业融合将成为一种新的重要产业形态，推进农村一二三产业融合发展是促进农业发展、农民增收和农村繁荣的重要举措。而何斯路村正是通过整合村庄的综合资源，促进了乡村三产融合发展。

为了充分调动村民投身于村庄发展的积极性和主动性，2011年何斯路村组建了草根休闲农业专业合作社，大胆创新推行股份制经济，由村集体占股25%，剩下75%的股份由村民和工商资本认购，进而发动全体力量建设何斯路村。村两委请来专家对村内生态资源进行专项评估测价，将其折算成相应股份，使每个村民可免费享受2000股的权益，让村民以原始股方式入股合作社。目前，何斯路村大多数农户都认购了合作社股份，村民认购总股份近90%。通过股份认购这种创新模式，使何斯路村的生态资源股份化、全体村民为股东，股民年终可按实际收益进行分红，而且村民们还可以享受到一些集体福利，例如60岁以上老人可免费享受每年800元的大病保险，60岁以下的村民可享有每年200元的小病保险；每年的重阳节和春节为老人举办敬老活动等。股份制经济的实施，不仅有效地盘活了集体经济，使村里的水域、土地、古民居等资源得到充分的利用，大大提升其经济价值，还有效地调动了全体村民投身于村庄发展的内在动力。

何斯路村通过积极充分挖掘村庄资源潜力、整合特色资源，大力发展以斯路何庄为主体的多元生态休闲产业，将薰衣草庄园、文化长廊、古民居、志成湖景区串联成一道美丽的乡村旅游线路，将淳朴、善良的乡风民俗展示给游客，让游客在“赏花闻香、漫步看景、闲聊品酒”中感受到浓浓的“乡情乡味”。

总之，何斯路村通过充分挖掘整合村中的水域、园林、土地、古民居

等乡村生态资源价值，有效地实现了乡村一二三产业的有机融合，有效地实现了乡村经济社会文化等协调可持续发展，让村民们过上了实实在在的乡村幸福生活。山清水秀的人居环境为村民提供了健康舒心的生活条件，团结互助的社会风尚为村民营造了和谐友爱的生活氛围，多元化的乡村文化丰富了村民们精神生活，从而真正实现了将“青山绿水”转变成“金山银山”的华丽蜕变，实现了生态环境、人居环境、文化传承等协调发展，有效地促进了美丽乡村建设。

## 六、乡村价值传承与保护的经验启示

### （一）以新乡贤为核心，引领村民文化自觉，激活村庄发展内生力量

新乡贤是乡村发展的核心和重要推动力，在乡村发展中至关重要。村民是乡村建设主体，更是乡村发展成果的最直接最主要的受益主体。因此，在传统村落保护发展中，首先要培育和发挥新乡贤的引领与推动作用，充分调动普通村民参与乡村建设的积极性。在何斯路村发展过程中，以何允辉为核心的新乡贤团体，通过前瞻性的顶层设计和无私奉献的道德引领示范，引导村民们对传统村落多元价值的认同感和自信心，使村民在不断地文化自觉的过程中以主人翁的主体性积极投身于村庄建设，从而激活了村庄发展的内生力量，促进了乡村可持续发展。

在乡村发展中，广大村民始终是建设主体和受益主体。因此，在传统村落价值传承与保护发展中首先要尊重村民的意愿，以促进村民安居乐业为目标宗旨。如在村庄人居环境整治中，何斯路村不搞千房一式，而是在不违反相关政策的前提下允许村民们建造自己喜欢的房子样式。同时，充分激发村民们的主体参与意识及共享村庄发展成果。如何斯路通过采取多种股份制形式，有效地激发了村民参与美丽乡村建设的积极性和主动性，

实现了村民与村集体共建幸福美丽家园、共享发展成果。

### (二)根植乡村社会生活,创新教育载体,传承乡村优秀文化

现代的乡村教育主要是以正规的学校教育为载体，虽然“身”在乡村，但愈来愈“离土化”和“去乡村化”，从而导致乡村文化传承面临困境。乡村教育只有融入到乡村生活中才具有生命力，脱离乡土的乡村教育是没有灵魂的。

何斯路村的乡村教育复兴并不拘泥于学校教育，而是将学校教育与家庭教育以及村落共同体的教育有机结合，从而有效地推动了乡村教育的可持续发展。例如，何斯路村以传承乡村文化为核心，通过功德银行、老年电大和“十年百万育才计划”等形式创新教育载体，不仅重新焕发了老年人对青少年的乡村文化传承和道德教化功能，有效地提高了未成人的思想道德素质和科学文化素质，而且也让村里年轻的父母们重温昔日和睦孝道、勤劳节俭等传统伦理教育，从而实现何斯路村“老有所乐与少有所教”相融合，重塑了家庭的“天伦之乐”、乡村的“敦风厉俗”“耕读传家”以及村落的“守望相助”等文明乡风，重新激活了传统家庭教育、乡村道德教化等功能，重塑了村落共同体价值。

同时，何斯路村还因势利导主动引进外来优秀文化，使其与乡村本土文化兼容并蓄、相得益彰，促进乡村文化的品质提升。例如，在外来文化机构入驻村内，何斯路村并不是全盘接受学习，而是基于本土教育资源之上的有选择的接受，并且将本村优秀文化传播给外来者，从而有效地促进了乡村优秀文化与外来文化的有机结合，建立起独具特色的多元化乡村教育与乡村文化传承体系。

### (三)立足本土文化资源,促进乡村价值的活态传承和可持续发展

乡土资源和乡土文化是美丽乡村建设的重要基础，有机融合现代发展

要素是促进乡村可持续发展的外在保障。随着城市化、工业化快速发展，作为人类农业生产生活的共同体的传统村落越来越呈现出综合多功能价值。因此，在传统村落保护发展中，不仅要充分挖掘乡村“道法自然”和“惠及苍生”的农业生产价值，还要积极发挥乡村“天人合一”的生态价值、村落共同体的生活价值以及文化传承与教化价值，厚植其独特的本土资源和文化底蕴，与时俱进地转变乡村建设理念及创新发展形式，充分发挥优秀传统文化在乡村社会中的作用，促进传统乡村价值的活态传承和可持续发展。

综上，何斯路村立足乡村特色资源和传统文化，通过对接市场，发展薰衣草生态旅游产业、山地自行车集训中心、何氏家酿曲酒节等，以全新的形式充分整合利用村庄资源，传承和创新乡村的农业生产和生态价值。同时，还通过功德银行、老年大学和“百万育才计划”等创新载体重新焕发出了乡村的道德教化价值，从而激活了乡村内在发展活力，吸引在外的有为村民返乡创业与居村生活，使昔日破败的“空心村”重新蜕变成为一个“桃花源圣境”的幸福乡村，有效地促进了传统村落价值的活态传承和乡村可持续发展，这些经验举措值得我们学习借鉴。

# 第六章　传统村落价值传承与保护发展有机融合的路径与机制

传统村落作为具有悠久的人文历史、浓郁的乡风民俗、生态循环的农耕生产以及独特的民居建筑的村民生产生活共同体，其多元化价值的传承保护与村落可持续发展应该是一个活态有机体系。冯骥才认为，传统村落的保护与发展不但不矛盾，反而可以和谐统一，互为动力，两全其美。保护传统村落绝不是原封不动，而应该是尊重历史和创造性地发展。只有传统村落居民的生活质量得到提高，人们生活其中感到舒适方便，其保护才会更加牢靠。十九大报告中提出要按照“产业兴旺、生态宜居、乡风文明、治理有效、生活富裕”的总要求实施乡村振兴战略。2018年的中央一号文件进一步明确要准确把握乡村振兴的科学内涵，挖掘乡村多种功能和价值，统筹谋划农村经济建设、政治建设、文化建设、社会建设、生态文明建设和党的建设，注重协同性、关联性，整体部署，协调推进。因此，传统村落保护首先必须要对其综合多元化价值及其载体予以解析，通过对传统村落价值的活态传承与重塑，促进传统村落的保护及乡村振兴。

## 一、传统村落价值传承与保护发展有机融合的基本路径

### （一）基于自然农法，再造有机循环农业，促进产业兴旺

传统村落的先民们为了宗族的世代繁衍生息，十分注重凭借有限的自

然资源来确定村落选址布局，或择沃土改良田而稼穑，或逐肥美水草而牧渔，或踞高山茂林而采猎，逐渐形成了“遵天时、顺地利、勤劳作、重节俭”的道法自然的传统农业耕作方式。同时，为了能够长期地实现“一方水土养一方人”，传统村落的村民们十分注重对自然资源的循环利用和生态环境的保护，从而形成了以自然农法为核心的农业生产方式，以及独具特色的农业文化信仰和民间习俗。例如，从事农耕生产的村民们为了保护和恢复地力，一方面有计划地适当采取轮作与休耕的方式使有限的耕地肥力得以恢复；另一方面通过圈舍饲养家畜家禽，用青草垫圈，将动物粪便与青草混合沤成厩肥，或者是将人体粪便和有机生活废弃物堆肥，在播种时作为底肥或青苗期的追肥，既有效地增加了地力，保持了土壤的疏松透气性，又增加了农民副业收入，实现了农业生产和日常生活的有机循环，提高了农作物产量和品质。地处山区和湖区海边的村民们则以各种乡规民约或民间信仰等形式重视对自然生态资源的保护及循环利用，如在野生动植物孕育繁衍时期主动禁猎禁渔禁采等。

面对工业化、市场化的激烈竞争，单一依靠弱质性的传统农业无法使村民安居乐业，片面地发展工业也只能加速乡村的衰亡。因此，在城市化、工业化发展中，传统村落的保护发展必须要立足乡村特色资源，动员和凝聚乡村内源式发展力量，充分挖掘和发挥乡村综合多元性价值，才能有效促进乡村可持续发展。近年来，随着生活水平的提高，人们更加注重食品安全和舌尖上的美味体验，对于那些采取自然农法种植的老品种杂粮、蔬菜瓜果以及养殖的土猪、土鸡等有机农产品的需求不断增高。因此，对于那些农业历史悠久、传统产业优势明显以及仍然具有良好的农业生产条件的传统村落，以留村的中老年村民为主体，以村落精英为引领，以互助合作为平台，通过传承以自然农法为核心的传统农业耕作方式，充分整合利用村落独特的农业生产条件，激发其从事农业生产的积极性和创造性，再造有机循环农业，实现以有机农业为主导、农副产品加工为辅助、乡村旅游服务产业为目标的三产融合发展，有效增加农民收入，提高农民生活水平，从而真正实现“农业成为有奔头的产业，农民成为体面的职业，农村成为安居乐业的美丽家园”。例如，浙江海宁的云龙村依托优越的自然条件和悠久深厚的蚕桑民俗文化，通过产学研合作提高桑蚕技术，形成了以农桑为主题，融合桑树种植、桑果采摘、桑蚕养殖、游客体验旅游等为一体的桑蚕农业示范基地。2009年，云龙村蚕桑生产民俗作为“中国蚕桑丝织技艺”中的主要代表性项目被列入人类非物质文化遗产名录，2011年被列入“中国蚕桑丝织文化遗产生态园”项目。

### （二）基于的村域生态环境，重建生态宜居的“美丽乡村”

中国农村地域广阔，各地自然环境、人文历史差别迥异，从而形成了各具特色的传统村落。然而，传统村落的选址布局大多是遵循着山、水、林、地、人“天人合一”的原则，先民们在建村伊始，充分立足自然环境和生态资源条件，将村庄的选址布局与村域周边的山、水、林、地等自然生态环境融为一体，或依山傍水建村、或毗邻沃土而居，并逐渐形成了与自然环境和生态资源相适宜的“一方水土养一方人”的乡村生产生活方式，从而营造了一个个适宜世代村民繁衍生息的生产生活的聚落空间，并形成积淀了深厚悠久的传统乡村文化。

新中国成立初期，“大炼钢铁”以及农村人口激增等因素影响，导致大片森林被砍伐、大片山地被开荒、大片河湖草场被围垦，山、水、林、地、人的村域生态环境遭到一定程度的破坏，导致传统村落的可持续发展面临严峻的生态危机。改革开放以来，随着家庭联产承包责任制的实行以及市场经济的发展，农村经济发展迅速，农民收入不断增加。然而，农村山林、耕地、水面、草场等自然公共资源日益遭到过度开发，农村生态环境恶化。尤其是随着城镇化、工业化的快速推进，靠近城郊的越来越多的传统村落被推平建成工业园区或居民区。有些远离城市的传统村落情况也不好，有些乡村出现垃圾遍地，清澈的河流被工业废水污染，肥沃的良田被化肥农药污染，昔日热闹的村庄被“空心化”。

基于山、水、林、地、人“天人合一”的村域生态环境，重建生态和谐宜居的“美丽乡村”，不仅可以使逐渐富裕起来的村民安居乐业，还可以吸引期待“看得见山、望得见水、记得住乡愁”的城市居民来休闲旅游，进而实现传统村落保护与可持续发展。如始建于北宋时期的传统村落——何斯路村，过去由于耕地少，交通闭塞，曾是义乌市最贫困的小山村之一。改革开放后，村内青壮年劳动力陆续外流，垃圾遍地，耕地抛荒，村庄日益“空心化”，人居环境也每况愈下。2008年以后，村两委始终践行生态文明理念以及秉持“真善美”的原则，大胆创新，充分立足整合及盘活村庄自然、人文等特色资源，实行“一草一木皆股份，男女老少皆股东”的股份合作制，发展薰衣草特色生态产业和乡村旅游休闲产业，开展美丽乡村建设。如今的何斯路村山清水秀、鸟语花香、生态协调、一二三产业有机融合发展，有效地促进了村落的可持续发展。该村先后获得“全国生态村”“浙江省文化示范村”“浙江省绿化示范村”“浙江省特色旅游示范村”“浙江省森林村庄”“中国美丽田园村”“全国十大生态村”以及“国家AAA级景区”等各种荣誉。

### （三）基于家庭生活价值与道德教化价值，重塑和谐共融的“幸福乡村”

新中国成立以后，各级政府高度重视农村基础教育，农民文化教育素质不断提高，但在各种现代化因素的裹挟之下，传统乡村社会的“守望相助”“积德行善”“耕读传家”等传统道德正逐渐淡化及消失，乡村文化日趋凋零及至断根，导致大量的传统村落迅速地消失。

随着农村物质生活水平不断提高，越来越多的人愈发怀念那“乡田同井，出入相友，守望相助，疾病相扶持，则百姓亲睦”的乡村田园生活。村民们从自身的生活体验中逐渐自觉地感知到真正的幸福生活应该是基于天伦之乐的家庭生活、守望相助的村落共同体以及独具特色的村落文化，因此重塑和谐共融的“幸福乡村”，成为村民们共同的“文化自觉”。例如，何斯路村立足村庄特色资源，充分激发村庄内生力量，吸引了一批外出经商务工的中青年村民回村创业与生活，发挥乡村的农业生产价值和生态价值，发展生态产业和休闲旅游产业，有效地增加了村民收入，也激发了村庄的内生力量，使昔日破败的“空心村”重新变成了“老年有所依所乐、成年有所业所为、少儿有所养所教”的幸福乡村。

## 二、构建传统村落价值传承与保护发展的共融共享共建机制

### （一）构建传统村落价值传承与活态保护及振兴的共融机制

近年来，传统农耕生产越来越受到现代市场化的冲击，导致越来越多的农村青壮年劳动力进城从事非农产业，传统乡村的农耕生产价值日益萎缩。同时，由于大规模的撤并行政村和乡村小学校，致使乡村教育日益离土，乡村文化逐渐失去根脉，传统乡村不再宜居，日渐衰败，甚或终结。

从传统村落的变迁发展过程中我们可以看出，传统村落的多元化价值传承与活态保护发展应该是一个有机体系，一旦传统村落失去了原有的生产生活价值以及无法适应现代生产生活方式的变化，必将衰败或终结。因此，在传统村落保护发展中，最主要是要构建传统村落价值传承与活态保护发展的融合机制，要科学全面地充分认识到传统村落所具有的农耕生产、宜居生活和文化传承与道德教化等多元综合性价值，并以此为出发点和基本路径因地制宜地探索开展传统村落的科学规划，促使传统村落的综合多元性价值传承与活态保护发展工作有机融合，实现以保护促发展，以发展强保护。2014年4月，住房和城乡建设部、文化部、国家文物局等发布《关于切实加强中国传统村落保护的指导意见》指出，遵循科学规划、整体保护、传承发展、注重民生、稳步推进、重在管理的方针，加强传统

村落保护，改善人居环境，实现传统村落的可持续发展。因此，我们要牢固树立和践行绿水青山就是金山银山的理念，落实节约优先、保护优先、自然恢复为主的方针，统筹山水林田湖草系统治理，以绿色发展引领乡村振兴。挖掘乡村多种功能和价值，正确处理开发与保护的关系，运用现代科技和管理手段，将乡村生态优势转化为发展生态经济的优势，提供更多更好的绿色生态产品和服务，促进生态和经济良性循环。

### （二）构建村民安居乐业与传统村落保护及振兴的共享机制

农村居民在长期的农耕生产生活中创造和传承了传统村落的多元性价值，同时传统村落的聚落空间也可以使村民们聚族而居、安居乐业，静享家庭的天伦之乐。因此，在传统村落保护中必须要明确其首要和最终目标应该是以村民发展为核心，以更好地满足村民们不断提高的美好生活需求，并最终实现传统村落多元性价值的活态传承和发展。

在传统村落保护工作中，通过构建传统村落保护与村民安居乐业的共享机制，一方面谨防片面追求经济价值，商业化、旅游化过度开发利用传统村落，要全面挖掘、整理、保护及有效利用传统村落的历史、文化、艺术、科学、经济、社会等价值；另一方面要坚持以民为本的保护利用原则，注重传统村落保护中的原住民生产生活的乡土性、便捷性、舒适性和延续性，使居村村民的生产生活可以与传统村落保护有机融合。结合传统村落保护利用项目，充分发挥传统村落的特色资源优势和价值，发展传统农耕、乡村旅游、乡村民宿等，扶持和打造“互联网+传统村落”的特色产业发展态势，促进产业兴旺，有效提高村民和村集体经济收入，让村民共享乡村发展成果，实现安居乐业，激发传统村落的生机与活力，真正实现传统村落的活态保护与可持续发展。因此，我们要大力开发农业多种功能，延长产业链、提升价值链、完善利益链，通过保底分红、股份合作、利润返还等多种形式，让农民合理分享全产业链增值收益。

### (三)构建多元主体协同参与传统村落保护及振兴的共建机制

虽然从形式上看传统村落只是村民们世代生活繁衍的乡村聚落空间，然而，传统村落所凝聚的农耕生产价值、宜居生态价值、文化传承与道德教化的乡村共同体价值等综合多元性价值，使其传承着中华民族的历史记忆、生产生活智慧、文化艺术结晶和民族地域特色，维系着中华文明的根，寄托着中华各族儿女的乡愁。因此，传统村落保护发展工作是一项关系到中华民族传统优秀文化传承和加强文化软实力、建设文化强国的重大公共民生工程，需要构建以政府主导、村民自主、社会协同参与传统村落保护发展的共建机制。《关于切实加强中国传统村落保护的指导意见》中指出：通过中央、地方、村民和社会的共同努力……逐步增强传统村落保护发展的综合能力。2016年8月，浙江省人民政府办公厅发布《关于加强传统村落保护发展的指导意见》中指出，充分发挥各级政府主导作用，建立省市县三级名录保护机制，将传统村落保护发展纳入当地经济社会发展总体规划。充分发挥村民主体作用，保证村民的知情权、话语权、决策权和监督权，切实维护村民权益。2018年中央一号文件进一步明确了政府、社会力量、村级组织以及村民等多元主体在乡村振兴中的地位和作用。首先，要坚持党管农村工作。健全党委统一领导、政府负责、党委农村工作部门统筹协调的农村工作领导体制。其次，要坚持农民主体地位。充分尊重农民意愿，切实发挥农民在乡村振兴中的主体作用，调动亿万农民的积极性、主动性、创造性，把维护农民群众根本利益、促进农民共同富裕作为出发点和落脚点，促进农民持续增收，不断提升农民的获得感、幸福感、安全感。最后，要汇聚全社会力量，鼓励社会各界投身乡村建设。建立有效激励机制，以乡情乡愁为纽带，吸引支持企业家、党政干部、专家学者、医生教师、规划师、建筑师、律师、技能人才等，通过下乡担任志愿者、投资兴业、包村包项目、行医办学、捐资捐物、法律服务等方式服务乡村振兴事业。

# 主要参考文献

## 一、著作


[1]21世纪教育研究院. 农村教育向何处去——对农村撤点并校政策的评价与反思[M]. 北京:北京理工大学出版社,2013.

[2]费孝通. 论文化与文化自觉[M]. 北京:群言出版社,2005.

[3]费孝通. 乡土中国[M]. 北京:人民出版社,2008.

[4]李培林. 村落的终结:羊城村的故事[M]. 北京:商务印书馆,2004.

[5]梁漱溟. 梁漱溟全集:第一卷[M]. 济南:山东人民出版社,2005.

[6]鲁可荣. 农村社会组织建设与农村基层社会治理创新:基于浙江实践的研究[M]. 济南:山东人民出版社,2015.

[7]缪建东. 家庭教育[M]. 北京:北京师范大学出版社,2015.

[8]钱理群,刘铁芳. 乡土中国与乡村教育[M]. 福州:福建教育出版社,2008.

[9]容中逵. 传统与现代的交锋:百年中国乡村教育变迁的实践表达[M]. 杭州:浙江大学出版社,2010.

[10]王沪宁. 当代中国村落家族文化[M]. 上海:上海人民出版社,1991.

[11]朱启臻,赵晨鸣,龚春明. 留住美丽乡村:乡村存在的价值[M]. 北京:北京大学出版社,2014.

## 二、论文

[1]曾国华,吕超.农村中小学布局调整十年考[J].探索与争鸣,2013(2).

[2]程路.20世纪90年代末以来中国小学撤并的深层次影响[J].教育与教学研究,2010(1).

[3]戴林琳,徐洪涛.京郊历史文化村落公共空间的形成动因、体系构成及发展变迁[J].北京规划建设,2010(3).

[4]董磊明.村庄公共空间的萎缩与拓展[J].江苏行政学院学报,2010(5).

[5]范先佐.乡村教育发展的根本问题[J].华中师范大学学报(人文社会科学版),2015(5).

[6]费孝通.反思·对话·文化自觉[J].北京大学学报(哲学社会科学版),1997(3).

[7]冯翠云.学校布局调整背景下乡村文化传承的困境分析[J].清华大学教育研究,2012(2).

[8]冯骥才.传统村落的困境与出路——兼谈传统村落是另一类文化遗产[J].传统村落,2013(1).

[9]葛新斌.关于我国农村教育发展路向的再探讨[J].中国农业大学学报(社会科学版),2015(1).

[10]郭竞成.农村居家养老服务的需求强度与需求弹性——基于浙江农村老年人问卷调查的研究[J].社会保障研究,2012(1).

[11]何兰萍,殷红春,杨勇.乡村精英与乡村文化的建设[J].天津大学学报(社会科学版),2009(6).

[12]贺雪峰.老人农业:留守村中的"半耕"模式[J].国家治理,2015(30).

[13]胡百精. 互联网与集体记忆构建[J]. 中国高校社会科学,2014(3).

[14]姜又春. 民俗传承论[J]. 青海民族研究,2012(3).

[15]赖功,郭东. 钱穆对中国农业文明起源及其发展的基本认识[J]. 农业考古,2008(3).

[16]廖其发. 多元一体:中国农村教育的价值取向[J]. 中国农业大学学报(社会科学版),2015(1).

[17]林川. 晋中、徽州传统民居聚落公共空间组成与布局比较研究[J]. 北京建筑工程学院学报,2000(1).

[18]刘铁芳. 逃离与回归:乡土中国教育发展的两种精神路向[J]. 教育纵横,2009(9).

[19]刘铁芳. 乡村教育的人文重建:起点与路径[J]. 湖南师范大学教育科学报,2008(5).

[20]刘铁芳. 乡村文化的危机[J]. 中国老区建设,2006(12).

[21]鲁可荣,曹施龙,金菁. 文字留村与村落重振:乡村学校嬗变与村落发展探析[J]. 广西民族大学学报,2014(5).

[22]鲁可荣,胡凤娇. 传统村落的综合多元性价值解析及其活态传承[J]. 福建论坛(人文社会科学版),2016(12).

[23]鲁可荣,金菁. 基于文化自觉的传统村落文化传承路径分析[J]. 福建农林大学学报(哲学社会科学版),2016(3).

[24]鲁可荣,金菁. 农村居家养老何以可行及可持续——基于浙江“金东模式”的实证分析[J]. 中国农业大学学报(社会科学版),2015(6).

[25]容中逵. 当代中国乡村教育发展的根柢问题及其解决思路[J]. 教育研究与实验,2010(6).

[26]佟春霞. 文化自觉与乡村建设[J]. 江苏师范大学学报(哲学社会科学版),2013(4).

[27]王高华. 农村居家养老与社区养老的耦合机制[J]. 中国民政,

2015(15).

[28]王铭铭. 教育空间的现代性与民间观念——闽台三村初等教育的历史轨迹[J]. 社会学研究,1999(6).

[29]吴庆华,王美喆. 文化再造:乡村振兴战略的关键抉择[J]. 成都行政学院学报,2018(5).

[30]肖滨. 两种公民身份与国家认同的双元结构[J]. 武汉大学学报(哲学社会科学版),2010(1).

[31]熊春文."文字上移":20世纪90年代末以来中国乡村教育的新趋向[J]. 社会学研究,2009(5).

[32]闫守轩. 乡村教育"悬浮态势"的困境与出路[J]. 教育科学,2013(2).

[33]杨天平. 我国农村中小学布局调整的原因、进程、问题及对策[J]. 教育理论与实践,2013(16).

[34]张乃仁. 农村居家养老中的双向耦合机制[J]. 郑州大学学报(哲学社会科学版),2013(3).

[35]赵世林. 论民族文化传承的本质[J]. 北京大学学报(哲学社会科学版),2002(3).

[36]朱启臻,芦晓春. 论村落存在的价值[J]. 南京农业大学学报(社会科学版),2011(1).

# 后　记

当拙作《浙江传统村落保护与振兴研究》即将付梓之际，回顾十余年来从事浙江传统村落调查研究的过往经历，颇多感触。

为了更好地从事“三农”研究，我于2009年初从安徽师范大学调动到浙江师范大学农村研究中心，专门从事乡村治理与农村发展研究。浙江大地上悠久丰富的乡村文化以及多元化的农村发展样态为我开展农村研究提供了广阔丰富的田野空间，使我长期乐此不疲地行走于徜徉于乡村山水间，围绕农村社会组织与乡村建设、乡村文化与乡村治理、传统村落保护发展等方面开展理论与实地研究。在长期的田野调查研究中，我目睹了浙江各级政府所开展的各项农村改革发展取得的显著成效，亲身感受到基层乡镇领导和村干部们务实创新的工作作风，促使我不断地深入各地农村踏实开展实地调研，认真总结分析田野调查样本村的实践经验，探索乡村可持续发展的有效路径。

在此期间，围绕浙江省各地开展的丰富多彩的农村发展创新实践，我陆续主持了20余项省部级以上纵向课题及横向课题，也取得了一些学术研究成果。尤其是自2010年以来，随着浙江省各级政府高度重视历史文化（传统）村落的保护利用工作，我也开始重点调查研究浙江省传统村落保护与发展实践，从乡村价值和集体记忆的理论视域分析研究传统村落文化传承、乡村集体记忆以及活态保护利用等。2014年主持浙江省高校重大人文社科项目攻关计划规划重点项目《浙江省传统村落的价值解析及保护发展研究》（课题编号：2014GH012），2016年主持国家社会科学基金《传统村落的集体记忆建构与乡村价值传承保护机制研究》（课题编号：16BSH047），2020年主持浙江省农业农村厅农村发展研究中心课题《浙江省历史文化（传统）村落保护利用研究》和浙江省大花园建设研究院委托课题《大花园建设背景下浙江省传统村落保护与乡村振兴有机衔接的实践经验与路径研究》等。与此同时，相继完成了10余篇调查研究报告、发表40余篇学术论文，出版2部本学术专著：《传统村落集体记忆建构与乡村价值传承路径研究》（中国农业出版社）、《农村社会组织建设与农村基层社会治理创新：基于浙江实践的研究》（山东人民出版社2015年版）。此次由安徽师范大学出版社出版的《浙江传统村落保护与振兴研究》也是上述系列研究成果之一。丽水职业技术学院李伟红教授作为合著者，全程参与了松阳县传统村落的实地调研，承担部分章节内容的初稿写作，并为后期统稿校对等做了诸多工作和贡献。

上述关于浙江传统村落保护发展系列研究成果的取得，主要得益于田野调查样本村的村干部及村民们的多方指导和大力支持，向这群新时代乡村最可爱的人们致以最诚挚的感谢！因为人数太多无法一一罗列，仅仅列举其中的主要代表，他（她）们分别是：义乌何斯路村何允辉、何樟根、何允法、何洪畴、何丽娟等，丽水市庆元县月山村的山妞、吴美妫、郑书进、吴如山等，丽水市松阳县沿坑岭头村叶秋平、叶晨波等，丽水市松阳县平田村江根法、江斌龙、叶大宝等，金华市金东区蒲塘村徐苏莲、王伟斌和琐园村严根月、严永兵等，金华市东阳市蔡宅村蔡淑贞、蔡国龙等，衢州市柯城区妙源村龚元龙、吴汉文、吴海根等，绍兴市嵊州市小崑村马小增、马立校等。在对每一个样本村的数次调查中，都得到了村干部和村民们的热情帮助，每一次进村都像是回到了自己的故乡，每一次访谈都像是老朋友之间促膝谈心，从而使我能够以一个不是村民胜似村民的熟人身份，采取参与式研究方法，掌握和收集了大量鲜活而生动的第一手田野资料以及村庄发展的实践经验，切实感受到这些村庄不断走向乡村振兴的发展过程。同时，也要特别感谢浙江水利水电学院的张祝平教授、丽水学院刘克勤教授、丽水职业技术学院李跃亮教授、松阳县政协叶伟兰女士等，他们为本书的实地调查提供了极大的帮助和支持。最后，还要十分感谢安徽师范大学出版社副总编辑吴顺安先生、编辑胡志立先生的精心编辑和辛苦付出，使得该书可以及时顺利地出版。

鲁可荣

二〇二一年十月二十七日于浙江农林大学文法学院